減らす技術 新装版

レオ・バボータ
Leo Babauta

The Power of LESS

Discover

減らす技術

新装版

レオ・バボータ

Leo Babauta

The Power of LESS

Discover

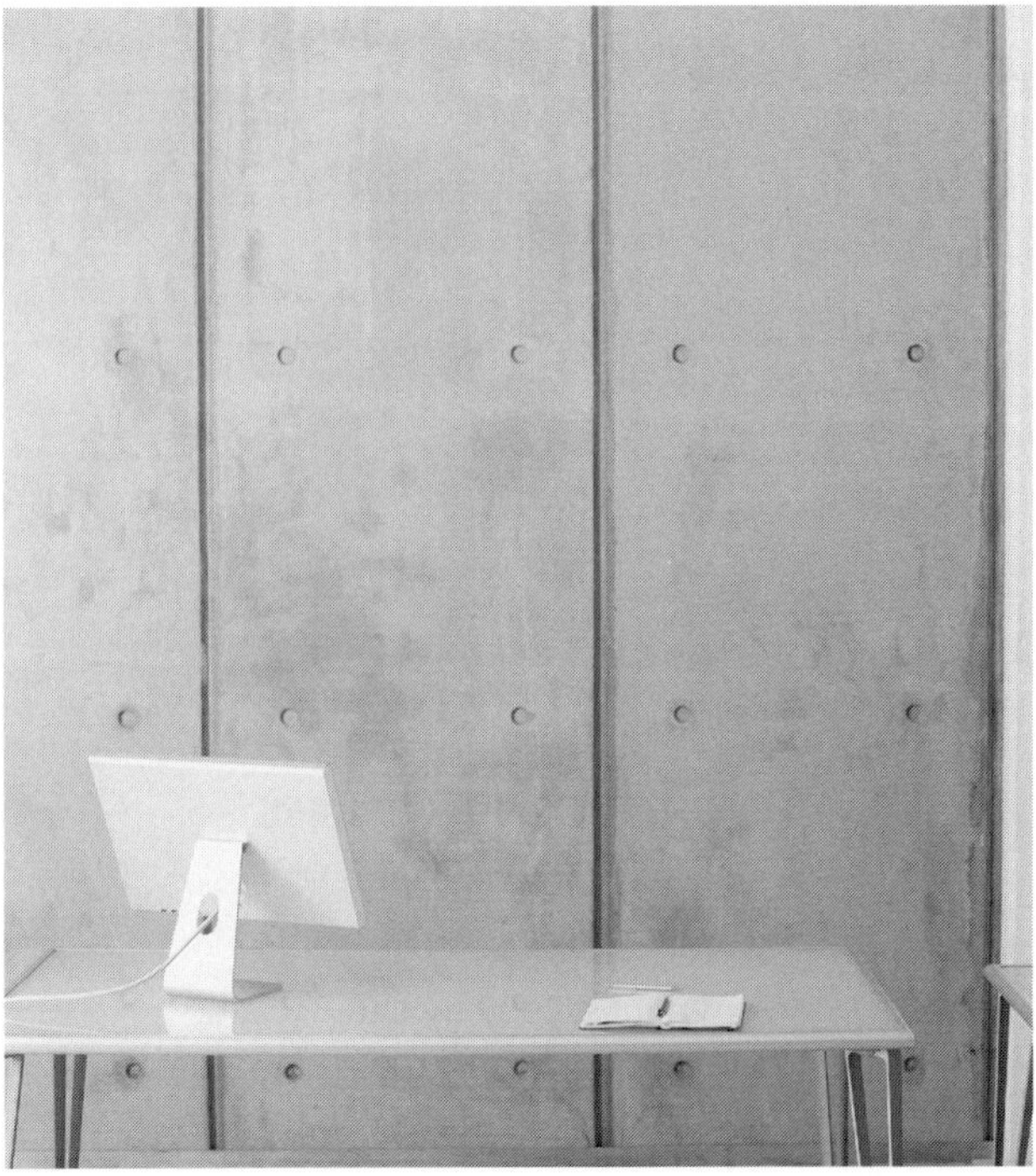

はじめに

現代はかつてないスピード化の時代だ。瞬時にあらゆるものが手に入る。それと同時に、仕事と情報の量もケタ違いにふくれあがって、もう息つくひまもない。

毎日Eメールの山に埋もれ、急き立てられながら、要求に応え続けている。ストレスはたまる一方だ。

仕事は今や、ひっきりなしに押し寄せてくる〝波〟との戦いだ。

Eメールの〝波〟、データや依頼の〝波〟、電話や書類やメモやファイルの〝波〟……。

毎朝、受信トレイいっぱいのメールをかたづけても、帰るときにはまた満杯になっている。おまけにどのメールも対応を求めていて、1日24時間ではとてもさばき切れない。

まるで、太い消火ホースから噴き出す水を、無理やり飲まされているようなものだ。しかもその水の勢いを止める手立てはどこにも見当たらない。

もう神経はぼろぼろ、それなのにいつも空回り。

少し立ち止まってみれば、感じるはずだ。こんな生き方でいいのだろうかと……。

押しよせる〝波〟の中でやすらぎを見つける

情報や仕事の〝波〟に足をすくわれないようにするには、どうすればいいのだろう？

森の奥深くの小屋で、隔離された状態で生きるしかないのだろうか？

私はこう考えている。両者の中間を目指してみてはどうだろう？

つまり、大量の情報にアクセスできる環境を楽しみつつ、ホースから飲み込む量は自分で決める暮らし。

今までよりもずっとシンプル、それでいて、自分が望むことを達成できる人生。そんな人生を手に入れるための解決策はひとつ。

自分が受け入れることに「**制限を設ける**」こと。

The Power of LESS

つまり、すべてをやるのではなく、**大切なこと**だけに集中して、自分の時間を最高に効率よく使うことだ。

たとえばこんな毎日を想像してみてほしい。

余計なことにわずらわされずに仕事に集中できる、心おだやかなウィークデー。

ストレスの量は最低レベル。

今日のＴｏＤｏリストの数は３つだけ。

しかも、その３つはどれも、これからのキャリアと人生を強力に後押ししてくれる。

こうした状況ならば「１度に何もかもやらなければ」とあせることなく、ゴールを確実に達成できる。

おとぎ話じゃあるまいし……、そう思うかもしれない。しかし決して夢なんかじゃない。

私だって実現できた。これから紹介する、ごくごくシンプルな方法で。

そのために必要なのは、まず**「選択」**することなのだ。

シンプル・イズ・ベスト

人生はシンプルなほどいい。余計な雑音を排除すれば、自分の好きなことを楽しめる。仕事もシンプルなほど調子が出る。

文章だって、シンプルなほど力強く訴えかける。余分な言葉をどんどん削っていけば、核となるアイデアを伝えるのに必要な言葉だけが残る。

「シンプル」には、いろんなとらえ方があるだろう。化学製品はやめて自然の原料だけを使うようにするとか、ものを買うのをやめて自分で作るとか、そんなふうに考える人もいるかもしれない。それもすばらしいことだと思う。

しかし、私が人生に求める「シンプル」とは、**やることそのものを減らす**ことだ。しっかりと選択をして、これまでよりも大きな結果を出すのだ。

こんなふうに人生をシンプルにするには、次の2つのステップがカギとなる。

The
Power
of
LESS

［人生をシンプルにする2つのステップ］
ステップ1　大切なことを見極める
ステップ2　それ以外のものを取りのぞく

本書の基本はつねに、この2つのステップだ。

「大切なこと」だけに集中して、それ以外は取り除いてシンプルにする――。これだけであなたの毎日は楽しくなる。ストレスだって減る。それに意外だと思うかもしれないが、今までよりもずっと生産的になれる。

2年で私の人生は一変した

つい2、3年前まで、私は大きな借金を抱えていた。しかも仕事、仕事でほとんど家族の顔も見られない。ストレスはピーク状態だった。

食事は脂ぎった塩分たっぷりのものばかり。

運動はしない。タバコは吸う。
体重オーバーで、不健康。
仕事は少しも楽しくなくて、将来も見えてこない。

人生は複雑で、好きなことに割く時間などどこにもなかった。
そこであるとき、「人生をシンプルにしよう」と決意したのだ。
まずは、タバコをやめることに挑戦した。それだけに集中し、全エネルギーを注いだ。
すると驚くべきことが起こった。それまで何度も失敗していた禁煙に成功したのだ。

禁煙という大きな壁を突破したことで、私はがぜんやる気が出て、いろいろなゴールに挑戦してみた。ただしやり方はいつも同じ。**「1度にひとつ」のゴールだけに集中する**のだ。すると、壁はどんどん崩れていった。
私はこれを**ワン・ゴール方式**と呼んでいる。あれもこれもいっぺんに手を出さずに、いつも「1度にひとつ」のゴールだけに集中する。これがポイントだ。

〈ワン・ゴール方式で私が達成したこと〉

1　ジョギングを習慣にした。
2　ヘルシーな食事をするようになった。
3　計画的、生産的になった。
4　マラソン大会に2回出場した。
5　サイドビジネスで収入が倍になった。
6　早起きの習慣を身につけた（毎朝4時に起きている）。
7　菜食主義になった。
8　トライアスロンを2大会完踏した。
9　はじめたブログ（Zen Habits）が有名になった。
10　借金をゼロにした。
11　生まれてはじめて緊急時用の貯金ができた。
12　人生をシンプルにした。
13　家の中をきれいにかたづけた。
14　20キロ近く痩せた。

15 電子ブックを2冊出してベストセラーにした。

16 小説の草稿を書き上げた。

17 会社を辞めて、家で仕事をするようになった。

18 2つめにはじめたブログも人気が出た（ライター向けのブログWrite To Done）。

19 本書を出版した。

6人の子供たちを育て、彼らのために時間をとりながら、私はこのリストを達成した。

このすべてを2年で実現するのは、大変そうに見えるかもしれないが、小さなステップに分けて、ひとつずつ取り組むことでいつのまにか達成できた。

私のブログ（Zen Habits）の大勢の読者から「1日はみんな同じ24時間なのに、どうしてそんなに多くのことを達成できたのか」と質問を受ける。

私の答えはこうだ。

「制限を設けて、本質に迫ることだけに集中したからだ」

こうすれば必ず達成できるのだ。

人生をシンプルで生産的にする「6つの原則」

本書のパートⅠ・原則編では、人生をシンプルで生産的にする「6つの原則」をとりあげている。このルールは、あなたの人生をシンプルに変えると同時に、生産性を最大限に高めるカギとなるものだ。この原則が本書全体を貫く基本的な考え方となっている。

原則1　制限する
原則2　本質に迫ることだけを選ぶ
原則3　シンプルにする
原則4　集中する
原則5　習慣化する
原則6　小さくはじめる

パートⅡは実践編だ。仕事からプライベートまで、人生の大切な場面で「6つの原則」

を実践するための具体的なテクニックを紹介している。

「減らすこと」で人生は変わる

数や量を「増やすこと」を追いかけるのはもうやめて、制限を設けよう。それがすべてのカギとなる。

本書では、各章で「増やすこと」をやめて焦点を絞り込む方法、その対象に集中する方法、その集中力を使って仕事もプライベートもパワフルに変えていく方法を紹介している。「増やすこと」をやめるのは、仕事に限らない。情報や約束ごとの量を減らしていくコツもぜひ参考にしてほしい。

余分なものをどんどん減らしていけば、ストレスも減って、生産性が高まる。

余分なものを減らしてシンプルにする——たったそれだけのことに、途方もない底力が潜んでいる。あなたにもきっと実感できるはずだ。その力を使って、人生のゴールをひとつひとつ達成していこう。

いつもおだやかな心で仕事に集中できる、そんな環境作りのコツなども紹介しているので参考にしてほしい。

「増やすこと」を追い求める生き方をやめ「減らすこと」に取り組めば、人生が変わる。それが本書のコンセプトだ。

しかし、決して抽象的な本ではない。実際に使えるテクニックを数々紹介している。ぜひともあなたの毎日に活かしてほしい。

減らす技術　もくじ

パートI・原則編

パートⅡ・実践編

減らし続けるために

モチベーションをどう保つか　220

パートI・原則編

余分なものを
減らして
シンプルにする。
たったそれだけのことに、
途方もない底力が
潜んでいる。

The
Power
of
LESS

>>>>>> さあ、減らすことを始めよう

やることを減らすとなぜ成果が上がるのか？

私たちは今、「増やすこと」を求める時代に生きている。

もっとお金を稼いで、
もっと大きな家に住んで、
もっといい車に乗って、
もっとハイテク製品を買って、
もっと買って、もっと作って、もっと働いて……。

毎日はかつてないほど目まぐるしい。

しかし、こんな人生を続けていたら、必ずどこかで限界が来る。1日はだれにとっても24時間。それを超えることなんてどうしたってできない。それなのに、世の中にはそんな限界を「挑戦」だと受けとめる風潮がある。

「1日にもっと詰め込むにはどうすればいいだろう？」

「もっとうまく時間管理をして、もっと能率を上げるコツを勉強したら、もっとたくさん仕事をこなせるようになるだろうか？」

しかし、**「増やすこと」を追求しても、最高の結果が得られるとは限らない。**

問題はここだ。

「数え切れないほどの仕事をこなした」ことは「意味あることを成し遂げた」こととはイコールではない。

それどころか、「数をこなせば、そのうちどれかが大きく当たるぞ！」と行き当たりばったりのギャンブルをするようなものだ。

ここで試しに、ふたりの新聞記者を例にとってみよう。

ひとりは、毎週大量に何本もの記事を書くことを目指すタイプ。

もうひとりは、週にたった1本だけ。


数を追う記者のほうは、ありとあらゆる情報にざっと目を通し、ちょっとでもネタになりそうなものなら拾ってきて短時間で原稿を書き上げる。

しかし、通りいっぺんの記事に、読者からの反応は特にない。それでも編集長は記者の仕事量に満足して、彼をほめたたえる。


一方、週に1本だけと決めた記者は「なんとしてもこれを当てなければ」と心に誓う。

まず初日は、じっくりと半日かけて情報収集とブレインストーミングだ。読む人をうならせるインパクトの強い題材を精選する。賞が狙える記事になりそうだ。

次の2日間はリサーチに費やし、残り2日で原稿をまとめる。事実確認にも念を入れた。

すると、どうなるだろう?

週に1本だけと決めた記者の記事は読者に愛され、その週で最高の記事となり、賞まで獲得する。そして昇進だ。

彼の力量は広く知れ渡り、人々の記憶にも長く残る。1本の記事をきっかけにして、キャリアを築いていけるのだ。

「減らすことの威力」を俳句に学ぶ

俳句は、ご存知の通り5・7・5の17文字だけで自然を詠む。俳人はその制限の中ですべてを表現しなくてはならない。伝えたいことがあればあるほど大変な作業になる。

俳人には2つの選択肢がある。

短い時間でそれらしい言葉をさっと並べるか。

自分の思いを伝えるのにもっともふさわしい「本質に迫る言葉」を厳選するか。

たった17文字という制限の中で、もっとも力強い一句を生み出すのは、後者のほうだ。

重要なのは「本質に迫ること」だけを選び出すこと――それが俳句の教訓。この教訓は、

「人生をシンプルで生産的にする6つの原則」のうち、最初の2つにあたる。

［原則1］制限する
何ごとも制限しよう。制限することで「本質に迫ること」を厳選することができる

［原則2］本質に迫ることだけを選ぶ
時間とエネルギーを最大限活用し、小さな元手で大きなインパクトを生み出せる

この2つは、本書の柱となる原則だ。ここから先は、いわばその解説と言ってもいい。実際にあなたの人生にどう当てはめていけばいいのか、具体例も挙げている。ぜひ参考にしてほしい。

もっともインパクトがあることを選ぶ

職場では、だれもが「週30本の記者」になりかねない。大量の仕事をさばけば、まわりから賞賛される。自分にまわってきたどんな仕事でもやろうとする人が、働き者として好かれるのだ。しかし、それ以外の選択肢もある。やることを絞り込んでインパクトのある仕事をするという選択だ。

では、そもそも**「インパクトのある仕事」**とはなんだろう？　これにはさまざまなとらえ方があるはずだ。たとえば、

- 自分の力を認めてもらえるもの（しかも一時的ではなく、長期的に）。
- 長期的に見て、収入に大きくプラスになるもの。
- 会社への貢献度が高いもの（収益、ブランド、新分野の開拓など）。
- 大きな昇進や転職のきっかけになるもの。
- 人生の重要な転機になるもの。

・社会や人類に貢献するもの。

これらはほんの一例に過ぎない。「まだほかにも思いつくよ」と言う人もいるだろう。では、実際にどんなタスクやプロジェクトが、あなたにとって「インパクトがある」のか？　それを見極める効果的な方法を2つ挙げてみよう。

方法① リストを検討する

自分自身の目標リストやToDoリストを見ながら、次のように自問しよう。


「これには、今週や今月だけで終わらない長期的インパクトがあるだろうか？」

「自分のキャリアや人生をどう変えてくれるだろうか？」

「人生の目標や夢に向かって前進させてくれるだろうか？」

「その目標は、そもそもどれだけ重要なものだろうか？」


以上の質問に答えていけば、長い目で見て一番インパクトのある取り組みを見極めることができる。慣れれば実に簡単だ。数分あれば検討できるようになる。

方法② ゴールから考える

まず「この1年で達成したいと心から思うことは何か?」を考えてみよう。次に、そのゴールを基点にしてやることを選ぶ。

この方法で選んだことなら、実行するたびに「自分は着実にゴールへ向かっているのだ」と実感できる。

つまり、いつも間違いなく「もっともインパクトがあること」に取り組んでいることになる。選んだことはどれも、長期的なゴールに直接つながっているものなのだから。


2つのうち、どちらの方法を使うべきか? それはあなたしだいだ。両方を合わせて使ったってかまわない。そのほうがいいとも私は思う。

目標と関係がないことをしなければならない場合は、だれにだってある。

そうしたことすべてを書き出していれば、ToDoリストはずいぶん長くなっているはずだ。

ちょっと油断すれば、ゴールに関連のある重要な取り組みが、関連のないこまごまとしたタスクの中に埋もれてあっという間にわからなくなってしまう。

だからこそ、①リストの中身をきちんと検討して、あるいは②ゴールを考えて、もっともインパクトがある取り組みを見極めることがカギとなる。「とりあえず片っ端からやる」のはやめて、**あなたの人生に意味のあることかどうか**をまず考えよう。

人生のあらゆる場面で制限する

「制限して、選択を強いる」という俳句の教訓は、ToDoリストに限らず人生のどんな場面にも応用できる。

普段の生活の中で

「やることが多すぎてもう手に負えない」

「もっとシンプルにやりたい」

そう感じる場面があれば、そこに制限を設けてみよう。

Eメールが山のように来る？　だったら制限。メールをチェックするのは日に2回。それぞれ5通だけ返信する。そうすれば、どうしても効率的にならざるを得ない。重要なメールだけを書くようになる。

プロジェクトの数が多すぎる？　3つに絞ろう。家の中がものだらけ？　200アイテムまでに抑えよう。と、こんな具合だ。

それぞれの具体的な方法については、実践編で紹介する。俳句の教えを実行に移せば、あなたの毎日はきっとパワフルに充実していくはずだ。この原則編では、まず次の3つの質問について考えてみるといいだろう。

質問①　やることが多すぎると感じるのはどんな場面だろう？

質問②　何をシンプルにしたいだろう？

質問③　ものや情報、仕事などを制限する心の準備はできているだろうか？

これらの質問は、何があなたの人生に絶対必要で、何がそうでないかについて考えるきっかけになってくれる。詳しくは、次の章で見ていこう。

減らす原則 1

制限する

私たちの時間や場所には限りがある。

そこに何もかも詰め込もうとするのは、小さな箱の中に図書館の本を全部押し込めようとするようなものだ。できるはずがない。あっという間に箱がぼろぼろになってしまう。

それなのに、私たちは制限のない生き方をやめられない。

まるで限度額を決めずにとめどなく買い物を続けているようなものだ。欲しくもないものや、なんの必要もないものがどんどん家の中にあふれかえっていく。

制限のない生き方は、たったコップ1杯の赤い水を大海に注ぐようなもの。

赤い水はあっという間に薄まって「無」となってしまう。しかし、焦点を絞り込んだシンプルな生き方なら、大海をドラム缶くらいにまで小さくすることができる。

制限のない生き方は、3日ごとに1試合を投げ切る投手のようなもの。できるだけ速く、多く投げ続けていたら、そのうちスピードは落ちてくる。へたをすると、いずれ投げることさえできなくなるかもしれない。しかし、3日ごとに1イニングだけなら、エネルギー全開で、そのたびに打者を打ち取れるかもしれない。

制限のない生き方は、1本のシャベルで広い畑を隅から隅まで耕そうとするようなもの。制限を設けて集中する生き方なら、ここだと決めた場所を掘り進んで湧き水を見つけることができる。

制限のない生き方は弱い。しかし、制限して集中すれば本当の力が出せるのだ。

制限ある生き方のメリット

目まぐるしいだけで効率の悪い「制限のない」生き方から、**集中力とエネルギーにあふ**

The Power of LESS

れる「制限のある」生き方に変えられたら、これほどすばらしいことはない。
何をするにも制限すれば、数々のメリットがある。以下はほんの一例だ。

メリット①　制限すれば、ものごとがシンプルになる

自分の人生をコントロールしやすくなって、ストレスが減る。

メリット②　制限すれば、集中力が発揮できる

無駄に集中力が落ちることなく、限られたものだけにエネルギーを集中できる。

メリット③　制限すれば、重要なことに的を絞れる

「何もかも抱え込んで、人生にとって大切なことにまわす時間がない」という毎日にピリオドを打てる。これはほとんどの人にとって劇的な人生の変化になるはずだ。

メリット④　制限すれば、達成できる

多くのことに手を出すと、重要なタスクやプロジェクトまで進まなくなる。しかし、限られた数の重要なことだけに集中すれば、ずっと大きな結果を出せるようになる。

メリット⑤ 制限すれば、あなたの時間の大切さを示せる

すべてを引き受けていると、「あの人はイエスと言う人なのだ」と受け取られる。つまり、あなたの時間より、仕事を依頼する側の時間のほうが大切なのだと思われる。

しかし、断固とした制限は「私の時間や優先順位は大切なのだ」というメッセージになる。そうすれば、まわりもそれに応えて、あなたの時間を大切にするようになる。

メリット⑥ 制限すれば、効率が高まる

ターゲットを絞り込めば、空回りがなくなる。

そして、持続的な影響力を持つような、本質に迫る重要な取り組みに、限られた時間とエネルギーを集中させることができる。「本質に迫ること」ではないことを人生から減らしていこう。

一度にひとつずつ変える

人生をまるごと変える必要なんてない。そんなことが失敗に終わるのは目に見えている。一度にあれもこれもやろうとするのは、本書のテーマとは正反対だ。うまく制限を設けるには**「一度に1場面」**、それも成功の確率が高そうなところから手をつけよう。

では、実際にどこから始めるべきか？　これには、だれにでも合う答えはない。人生は人それぞれだ。あなたにはあなたに合ったポイントが必ずある。

2〜3分時間をとって、毎日の生活について考えてみてほしい。

何に時間をとられすぎたり、やることが多すぎたりして困っているだろう？

シンプルにしたいのはどんなことだろう？

以下に少し例を挙げてみよう。

・Eメールの処理
・毎日のルーチン業務の処理
・電話の時間
・進行中のプロジェクトの数
・いつも読んでいるブログの数
・インターネットに費やしている時間
・デスクの上にあるものの数

まずはこのあたりを出発点にして、制限してみよう。ほかのことにはあとからゆっくりと挑戦すればいい。

とにかく「1度に1場面」に変えることに集中して、それがルーチン化するまで、つまり、制限に違和感を覚えなくなるまで続けよう。

The Power of LESS

制限値を決め、習慣化する

なんにでも、最初に「**制限値**」を決めるときは手探り状態だ。どの値が自分に一番合っているのかは、実際に試してみないとわからない。まずは、これまでの経験や理想をもとにはじき出してみよう。

たとえばメールチェックの回数を制限する場合、今まで何年もメールをチェックしてきた経験を踏まえたうえで、合理的な数を選ぼう。

今、あなたが1日に10～15回チェックをしていて、ほかの仕事がはかどらなくて困っているとしよう。それなら1日1～5回に抑えてみてはどうだろう？　もしかすると、1日2回（朝1回と、退社前に1回）がちょうどいいかもしれない。

制限値が決まったら、次は「**実地テスト**」で実際に試してみる。

決めた回数でなんとかやっていけそうだろうか？

それともコミュニケーションに大きな障害が出てしまっただろうか？

あるいは、ぐっと仕事がはかどるようになっただろうか？

最初の1週間はいわばテスト期間だ。うまくいかなかったら、ほんの少し修正してみよう。だれにでもうまくいく決まった数などないのだ。

1日2回が少なすぎたら、3回に増やしてみる。逆に2回より減らしても問題がなさそうだったら、1回にしてみる。

試行錯誤しながら自分に合ったポイントを探して、それがルーチン化するまで続けよう。しっかりと体になじんだら、どんな場面でもやり方は同じ。

ステップ① 現在の回数を把握する

それを1日に何回やっているだろう？　まず現在の「値」を把握して、それより低い、あなたが理想的だと思う制限値を決める。

ステップ② 1週間試す

1週間ほど試してみて、うまくいっているかどうか分析する。

ステップ③ 新たな値を試す

しっくりこなかったら、新たな制限値を決めて、1週間ほど試してみる。

ステップ④ 繰り返して、続ける

自分にぴったりの制限値が見つかったら、ルーチン化するまで続ける。

一度制限すると、その中で最善を尽くそうと努力するものだ。「本質に迫ること」だけを選ぶようになり、思考も行動もシンプルになる。それが「制限」の真の力だ。

限りがあるからこそ、「本質に迫ること」だけに集中できる。これについては次章でさらに詳しく見ていこう。

>>>>>> 減らす原則 2

本質に迫ることだけを選ぶ

ここからは、まず原則2「本質に迫ることだけを選ぶ」を見て、そのあと原則3「シンプルにする」へ進んでいこう。

何ごとも「本質に迫ること」を厳選することで、シンプルにすることができる。

はじめにしっかりと選んでから、それ以外の余分な部分を減らす。ただやみくもに減らすだけでは、大事なところまでそぎ落としてしまいかねない。

ではまず、「本質に迫ること」を見極めるにはどうすればいいだろう？　肝心なのは、そこだ。そのコツさえつかめば、あとは簡単だ。

昔こんな笑い話があった。

「なあ、木彫りの象って、どうやって作るんだ?」

「そりゃあ簡単だ。象らしくないところを全部削ればいいんだよ」

なるほどその通り。そのためにはまず、象の姿をしっかりと把握しておかないと。

生産性だけ上げても意味はない

世間で紹介されている「生産性を上げるコツ」には、順序があべこべのものが少なくない。何をすべきかを考えるより、とにかくなんでも手早く済ませることに終始している。

売りになっているのは、急ぎのタスクを一気にかたづけるワザや、洪水のように襲ってくる仕事や情報を次々とさばいていくテクニック。

しかし、そんなやり方では、飛び込んできたものを何もかもやるはめになってしまう。

これでは仕事や情報の洪水に足をとられてしまうだけ。

つまり、他人のニーズや気まぐれに翻弄されるだけなのだ。

そうならないためには、何をするにもまず**「本質に迫ることはなんなのか」**を自問すること。どのEメールに返事をすべきか迷ったときも、タイトな予算で今月は何が買えるだろうかと悩んだときも、デスクの上や家の中をどうかたづけようかと途方にくれたときも、「本質に迫ることはなんなのか」をまず考えてみてほしい。それでこそ、ものごとが正しい順序に整う。

馬は荷車の前に。

馬が後ろでは進めない。いつも最初に「本質に迫ること」を見極めてから、ひとつひとつ達成していこう。

「本質に迫ること」を見極める9つの質問

何をするときもまっ先に以下の9つの質問をして、「本質に迫ること」を見極めよう。いったんコツをつかめば、無意識のうちにできるようになるはずだ。

質問① どんなことに価値を感じているのだろう?

あなたが「これだけには思い入れがある」というものはなんだろう?

これからどんな人になりたいだろう?

人生のポリシーは?

自分の価値観をしっかりと自覚できれば、それがすべての軸となる。何を選ぶべきかが、そこから見えてくるはずだ。

質問② どんなゴールを目指しているのだろう?

あなたが人生で成し遂げたいことはなんだろう?

この1年でやりたいことは?

それとも今月中なら? 今日中なら?

ゴールさえ定まっていれば、やるべきことや買うべきものに悩むことがあっても、それがゴール達成のために必要かどうかを考えればいい。

質問③ 心から好きなものはなんだろう？

「これなしではやっていけない」と思うものはなんだろう？
一番一緒にいたい人は？
いつも夢中になれることはなんだろう？

質問④ 何が大切なことなのだろう？

趣旨は③と同じだ。リストアップしてみよう。
あなたのキャリアや人生で、一番大切なことはなんだろう？
いろいろな状況や場面で考えてみてほしい。

質問⑤ もっともインパクトが大きいことはどれだろう？

複数の中から選択するときは、あなたのキャリアや人生に「一番大きな変化を生み出すものはどれか」を考えてみよう。

たとえば、顧客に電話をかけるか、直接出向くか、手紙を書くかで迷ったら、それぞれがもたらすインパクトを具体的に考えてみるといい。

顧客に電話をすれば、ひとり当たり100ドルほど使ってくれそうだ。直接出向いて契約をとれれば1万ドルのビジネスが見込める。手紙は、読んでさえもらえないかもしれない……。とすれば、直接出向くことを選ぶべきなのだ。

質問⑥ 長期的にインパクトがあることはどれだろう?

影響力の大きさと長期的なメリットは、いつも一致するとは限らない。

先ほどの例でいくと、顧客のところに直接出向いて商談すれば、来週には1万ドル舞い込むかもしれない。しかし、マーケティング・キャンペーンを展開すれば、1年後にその何十倍もの利益が出る可能性がある。

ただし、インパクトの大きさは必ずしも金額を基準にする必要はない。あなたにとって価値あることを基準に考えてみよう。

質問⑦ それは「必要なもの」? それとも「欲しいもの」?

これは買い物に迷ったときに有効な手がかりになる。

あなたにとってそれは本当に必要だろうか？

「ただ欲しいだけ」ではないだろうか？

大切なことさえはっきりすれば「ただ欲しいだけのもの」はリストから外していける。

何しろ大切ではないのだから。

質問⑧「本質に迫ること」ではないことはなんだろう？

逆方向から考える手もある。つまり、「本質に迫ること」ではないことをリストから消していくのだ。

たとえば、車を洗うことなんて、請求書の支払いをしたり、水道代をバカみたいにかさませる水漏れを直したりすることに比べたら、重要ではない。大切ではないことを削っていけば、自然と大切なことだけがリストに残る。

質問⑨まだ減らせることはないだろうか？

一気に「本質に迫ること」だけのリストを作るなんて、なかなかできることではない。まず重要ではないものをいくらか減らして、残ったものをもう一度洗いなおしてみよう。

1〜2週間後にまた見なおして、さらに減らす。このプロセスを繰り返して、「よし！もうこれ以上減らすものはないぞ」というところまできたら完成だ。

さまざまな場面で9つの質問をする

9つの質問は、何があなたにとって「本質に迫ること」なのかを把握するには、実にいい方法だ。どんな場面にでも当てはめて考えることができる。

仕事、Eメール、家計のやりくり、人生の目標、さまざまな約束ごと、散らかり放題のデスクや家の中……。

対象がなんであろうと、つねに一番大切な最初のステップは「何が本質に迫ることなのか」を見極めることだ。それでこそシンプルで効率的な生き方ができる。

ほんの数分でもいいから一度立ち止まって、今やっていることを広い視野から見つめなおしてみよう。

あなたにとって「本質に迫ること」とはなんだろうか？
あなたは今「本質に迫ること」に集中しているだろうか？
それ以外の「本質に迫ること」ではないことは減らしていけるだろうか？

こんなふうに時間をとって考えてみれば、本当に大切なことが見えてきて、やりたいことに集中できるようになる。大切なことに集中すれば、大切なことを達成できる。どうでもいいことや、ゴールの達成につながらないことに割いていた時間を大切なことにまわせるようになる。

ではここからは、9つの質問をどんなふうに実際の場面に当てはめていけばいいのか、いくつか例を挙げてみよう。

★人生のコミットメント

あなたの人生で本質に迫るコミットメントとはなんだろう？　9つの質問（特に価値観、ゴール、心から好きなものに関する質問）をして見極めていこう。

The
Power
of
LESS

★今年のゴール

新年を迎えると、「あれをやろう」「これをやろう」といろんな欲が出てくる。しかしあとで振り返ると、実際には思い通りになっていないことが多い。その理由は、ゴールをたくさん設定しすぎることだ。

年にひとつか2つのゴールに減らして集中しよう。9つの質問をすれば、どのゴールが重要なのかを見極められる。重要度が低いゴールには、あとでとりかかればいい。

★プロジェクトやタスク

ToDoリストが長くなったら、シンプルに短くしよう。9つの質問をすれば優先するべきものがわかる。9つの質問のうち、ここで一番関連が深いのはゴールと影響力に関するものだ。

★Eメール

返信の必要なEメールが20通あったら、9つの質問で重要な3～5通を選んで今日返信しよう。それ以外は明日にすればいい。大胆にいく勇気があるなら削除してしまおう。

★家計のやりくり

「必要なもの」か「欲しいもの」かの区別も大切だが、ゴールと価値観についての質問も肝心だ。ゴールと価値観に照らして出費を考えれば、「本質に迫ること」ではないことへの無駄づかいをぐっと抑えられる。これでふところ具合も安心だ。

★散らかったデスクや家

「必要なもの」か「欲しいもの」かの質問でいらないものを削り、見なおしを繰り返そう。ガラクタが少しずつ減っていって、最後には本当に必要なもの、あなたが心から好きで実際に使っているものだけが残る。

★定期的な見なおし

1回の質問で「本質に迫ること」だけに絞り込むなんて、まずできることではない。価値観やゴールが変わることもあるし、制限に慣れ、ものの見方が変わることもある。

いったん「本質に迫ること」ではないことを減らしたら、あらためてチェックする日を決めてカレンダーに印をつけよう。そうやって何度か見なおしを繰り返す。

減らすことだけにムキになってあせらずに、ぜひ過程を楽しみながらやってみてほしい。

いらないものを減らしてシンプルにするのは、人生を空っぽにするためではない。本当にしたいことをするための余裕を持つためだ。

自分に欠かせないものはなんなのかをしっかりとつかんでから、シンプルを目指そう。

「なあ、木彫りの象って、どうやって作るんだ？」

「そりゃあ簡単だ。象らしくないところを全部削ればいいんだよ」

＞＞＞＞＞＞減らす原則 3

シンプルにする

減らすことは、実際にはそれほど楽ではない。ただ、慣れればやりやすくなる。

たとえば、あなたがＴｏＤｏリストの中から「本質に迫ること」を３つ選び出したとしよう。長いリストをシンプルにするには、その３つ以外をできるだけ減らしてしまいたい。

まずは、「本質に迫ること」でないものに線を引いて消していこう。

次に、ほかの人にまわせるものがあればまわす。

あとに残るのは「自分でやらなければいけないが、特に今日やる必要はない」ものだろう。その通り、あとまわしにすればいい。

困るのは、人から「本質に迫ること」とは思えない仕事を頼まれたときだ。

この場合、あなたは**「ノー」**と言うことを覚えなければならない。これについては「シンプル・コミットメント」の章で詳しく話そう。

今はただ、**本質に迫ることに集中するためには「ノー」と言うことが欠かせない**と知っておいてほしい。シンプルに生きていくためにはそんな覚悟が必要だ。

「ノー」は慣れてくれば言いやすくなる。「本質に迫ることに集中していれば、長い目で見て自分のためになる」という確信が持てるようになればなるほど、言いやすくなる。

しかも、きちんと「ノー」が言えるようになると、まわりの人はあなたを正直な人間だと見てくれるようになる。仕事を抱えすぎてあたふたすることなく、いつも自分に何ができるかをしっかりとわかっている人だということが伝わるからだ。

すると、人はあなたの時間を大切にしてくれる。あなた自身が自分の時間を大切にしていればこそ、それがかなうのだ。

The
Power
of
LESS

>>>>>> 減らす原則 4

集中する

「集中」は最強のツールだ。ターゲットを絞って集中すれば、望みの結果を効果的に達成できる。ひとつに集中して達成しよう。

マルチタスクであちこちに手を広げるより、**シングルタスク**で「今はこれ!」と決めたことに集中したほうが生産性は高まる。今この瞬間に集中し、不安とストレスを減らそう。

集中で人生改善

まずは、集中のいろんな使い方について考えてみよう。

★ゴールに集中する

目標を達成したいときも、新しい習慣を身につけたいときも、カギとなるのは集中だ。自制心でもなければ、ごほうびでも、意志の力でも、モチベーションでさえもない。

ゴールに集中し続けることができれば、成功率がぐっと高くなり、集中できなければ、成功は遠のいていく。集中力とはそういうものだ。仕組みは実にシンプルだ。

★「今」に集中する

現在に集中すると、ストレスが減り、人生の一瞬一瞬をめいっぱい楽しめ、能率も上がるなど、多くのメリットがある。過去や未来に気をとられずに現在に集中するのは簡単なことではない。練習が必要だ。これに関しては67ページから詳しく見ていこう。

★目の前の取り組みに集中する

まわりの世界が見えなくなるほど我を忘れて集中したことはあるだろうか？

時間が過ぎるのを忘れるほど没頭する、これがいわゆる「**フロー**」と呼ばれる状態だ。

これは幸せになるためには欠かせない要素だ。仕事でも趣味でも、「フロー」に入れることがあれば、幸せは手に入ったようなもの。

人が楽しめるのは、ただ機械的に何かをしているときではない。無我夢中で打ち込んでいるときだ。

だから最初のステップは、熱くなれることを見つけること。そして集中の邪魔になるものをまわりから取りのぞき、「今はこれだ」と決めたことに没頭しよう。

★ポジティブな考えに集中する

これも大切なスキルだ。

まずは自分がネガティブな考えを持ってしまっていることに気づくこと。そして、それをポジティブな考えと入れ替えよう。

私はこれを禁煙とジョギングに挑戦したときに学んだ。

挑戦中には「もうやめたい」と思うことが何度もある。そんなネガティブな気持ちは早いうちに捕まえておかないと、どんどんふくらみ続け、あなたがギブアップするまで止まらない。だからこそポジティブな考えに集中しよう。

「ほかの人にできたんだから自分にだってできる！」と考えてみたりするといい。

達成できたときのすがすがしい気分を想像するのも役に立つ。どんな状況にも**プラス面を見出す姿勢**は大切だ。

私自身の経験から言っても、そうしたほうが幸せになれる。与えられたものに感謝する気持ちも忘れないでいてほしい。

シングルタスクに集中する

私たちはマルチタスクの時代に生きている。

2つのプロジェクトを同時進行している最中に、上司はあなたのデスクに新たな仕事をまた2つ置いていく。

電話の最中に、Eメールが3通舞い込む。

「そうだ、今日は5時に退社して、帰り道に夕食の買い物をしていかないと」と思っていたら、携帯電話が鳴り出した。

通りかかった同僚はあなたにリサーチを頼んでいく。

ふとRSSリーダーを見れば、未読記事が100を超えている……。

これまで私たちは、ハイスピードで1度にたくさんのタスクをこなす術を学んできた。それがインターネットの時代にふさわしいスキルだとされてきた。なんでもハイテクで瞬時にアクセスできる現代、私たちは情報やタスクの洪水に襲われてもがき続け、どんどん時間を奪われていく。しかし私たちの体は、そんな洪水の中でいつまでも耐えられるようにはできていない。あっという間に溺れてしまう。

だからこそ、私は「シングルタスク」を強く勧める。

1度にひとつのタスクに集中して、できるだけシンプルに働けば、心の健康を壊さずに生産性を高めることができる。マルチタスクではそうはいかない。その理由をいくつか挙げてみよう。

減らす原則 4
集中する

［マルチタスクがうまくいかない理由］
1　タスクごとにギアチェンジを繰り返さなければならず、かえって効率が悪い。
2　マルチタスクは複雑だ。ストレスの原因になって、間違いも増える。
3　それでなくても世の中は混沌としているのに、さらにパニックを起こすもとになる。

マルチタスクはやめにしよう。これからはシングルタスク。やり方は以下の通りだ。

ポイント①　朝一番にもっとも重要なタスク《Most Important Task》をかたづける

もっとも重要なタスク《Most Important Task》（ＭＩＴ）が終わるまで、ほかのものにいっさい手をつけない。終わったら、ごほうびにほんの少し休憩をとって、次のＭＩＴへ。午前中に２つか３つ達成できれば、午後からの時間はオマケをもらったようなものだ。

ポイント②　集中の邪魔になるものをすべて取りのぞく

Ｅメールは受信しない。できればインターネットの接続ごと切ってしまおう。携帯電話も切る。できればデスクの電話にも出ない。ほかのことは心配せずに、目の前のタスクひ

The
Power
of
LESS

とつだけに集中して、達成しよう。

ポイント③　気が散ったらゆっくり深呼吸して集中しなおす

どうしてもメールをチェックしたくなったり、ほかのタスクと切り替えたくなったりしたら、いったん手を止めよう。

そしてゆっくりと深呼吸。もう一度集中しなおして、目の前のタスクに戻ろう。

ポイント④　割り込んできた仕事は、とりあえず棚上げする

がんばっている最中にほかの書類が舞い込んできたら、書類受けへ。

用事を頼まれた場合なら、小さなノートか、パソコンのテキストファイルにちょっとメモしておく。すぐに目の前のタスクに戻ろう。

ポイント⑤　タスクを達成したらスケジュールを見なおす

タスクを達成したら、書類受けやメモをチェック。アクションが必要なものがあったらＴｏＤｏリストに書き足して、スケジュールを組みなおそう。

メールなどは、前もって決めた時間や回数に合わせて定期的にチェックすればいい。

ポイント⑥ 中断するときは、すぐに再開できるようにしておく

ときにはあとまわしにできない仕事が降ってわいてくることもある。

そんな場合は、目の前のタスクがどこまで進んだかをきちんと覚えておいて（時間があればメモしておいて）、関係書類をひとまとめにして脇へどけよう。

「進行中」フォルダや、プロジェクト用のフォルダがあればその中へ。

そして急な仕事がかたづいたら、さっきのフォルダを取り出して、進行状況のメモを見ながらタスクの続きに戻ろう。

ポイント⑦ リラックスして楽しもう

ときどき深呼吸したり、ストレッチしたり、軽く休憩をとることも忘れずに。

人生を楽しもう。外へ出て自然を味わうのもいい。心の健康を守ろう。

「今」に集中する

これはシングルタスクと似ているが、とても重要なことだ。過去や未来ではなく「今」に集中すれば、生産的・効率的に、しかも落ち着いて地に足の着いた仕事ができる。

「今」に集中するには練習あるのみだ。最初はすぐふらふらと気が散るかもしれない。**「メタ思考」**に走ってしまうこともあるだろう。つまり、「考えること」を考えてしまうのだ。自分は正しく考えているだろうか、正しく考える方法はあるのだろうか……とあれこれ悩みはじめて、そのうちに「今」はどこかへ行ってしまう。人間とはそんなものだ。だれだって経験があるだろう。

うまくいかなくても自分を責める必要なんて少しもない。とにかく練習だ。朝でも、昼食をとるときでもいい。夕方、散歩やジョギングをするときでもかまわない。夕食後にお皿を洗うときだってできる。機会さえあれば練習だ。それでうまくなる。必ずそうなる。

さっそく「今」に集中するための理想的な方法をいくつか挙げてみよう。

ポイント① 食べるときは、ただ食べる

1度にひとつのことだけをする。

これが「今」に集中するための、何よりの練習方法だ。食べるときは、ただ食べる。何を口に入れているのかきちんと意識しながら、味と歯ごたえを楽しもう。

何をするときにも、急がずに、ゆっくりと。

洗いものをするときも、シャワーを浴びるときも、車の運転をするときも、仕事をするときも、遊ぶときも、1度にあれこれ手を出さず、今やっているそのことだけをやろう。

ポイント② 自分の思考を自覚する

自分が何を考えているのか、きちんと自覚するのも大切なステップだ。

過去や未来のことはどうしたって考えてしまう。それでかまわない。それを考えているという自覚があればいい。その「気づき」が変化をもたらしてくれる。

ポイント③　おだやかでいる

過去や未来のことを考えたからといって、自分を責めることはない。無理に頭から押し出そうとしなくたっていい。

ただそんな考えを思い浮かべていることを自覚して、それがおだやかに消えていくのを待とう。そしてまた現在に意識を戻せばいい。

ポイント④　運動をする

エクササイズ（運動）は私にとって瞑想のようなものだ。ジョギングをするときは、ただ走る。走ることそのものに、呼吸に、体に、現在だけに集中する。

ポイント⑤　毎日のルーチンに集中する

どんな日課でも瞑想にすることができる。洗いものだって立派な瞑想になる。ウォーキングだっていい。歩くことだけに集中だ。なんでも題材にしてみよう。

ポイント⑥　メモやリマインダーを活用する

冷蔵庫や、パソコンのデスクトップや、壁にメモを貼っておこう。インターネットのリマインダー・サービスを使って、毎日メールで念を押してもらうのもいいだろう。現在への集中から離れないでいられるようにしてくれるものなら、なんだっていい。

ポイント⑦「失敗」なんてないと自覚する

ときにはうまくいかないこともある。でも気にしない。大切なのは続けることだ。続ければ、必ずうまくなる。「失敗」なんてない。1日や2日飛ばしたって大丈夫。途中でいやになったら、一度ゆっくりと深呼吸して「さあ、どうすればいい？」と自問しよう。答えは「練習あるのみ」だ。

私は過去にも未来にも
とらわれない。
今この瞬間を
生きているのだから。

――ラルフ・ウォルド・エマソン

＞＞＞＞＞＞ 減らす原則 5

習慣化する

シンプルに生きるための原則5は「習慣化すること」だ。

これはあなたが起こした**前向きな変化を長続きさせる**こと。人生の改善には不可欠だ。

せっかくの努力を水の泡にしないためには、「増やすこと」をやめよう。どんな習慣を身につけるときも、それが唯一の秘訣だ。

1度にひとつに集中して、あなたの全エネルギーをかけて30日間続けよう。

このテクニックは、その名も「習慣化チャレンジ」。

私のブログの読者にも大好評で、「新たな習慣を身につけるのに極めて効果的」との折り紙つきだ。

The Power of LESS

では、その方法を紹介していこう。

ステップ① チャレンジする習慣をひとつだけ選ぶ

あなたの人生にもっとも大きな影響を与えると思うものなら、どんな習慣でもいい。選べるのは、1カ月にひとつの習慣だ。

ステップ② 計画を書き出す

ゴール（たとえば「毎日エクササイズする」）のほかに、**「引き金《トリガー》」**も忘れずに書こう。

引き金《トリガー》とは、「行動を誘うきっかけ」になるものだ。

引き金《トリガー》には、すでにルーチンの一部になっているものを選ぶといい。たとえば「歯を磨いたら、エクササイズをはじめる」といった具合だ。この場合は、「歯を磨く」というルーチンを、エクササイズの引き金《トリガー》に選んだのである。

ステップ③ ゴールを公表する

新たな習慣に挑戦していることをできるだけ大勢に知らせよう。ホームページやブログ、

SNSなどがお勧めだ。

Eメールで同僚や家族や友人に知らせてもいい。とにかくできるだけたくさんの人に公表しよう。

ステップ④ 毎日の成果を報告する

挑戦を知らせた人たちに、毎日の成果を報告しよう。

ステップ⑤ 身についたことを祝おう！

30日後、あなたは新たな習慣を身につけている。もちろん、そのあともきちんと習慣になっているかどうか確かめる必要はあるかもしれない。

しかし、30日間ずっとがんばってきたのなら、もう十分に身についているはずだ。

「習慣化チャレンジ」はなぜうまくいくのか？

この30日間の「習慣化チャレンジ」は、新たな習慣を身につけるのにかなり有効だ。これまで大勢の人が成功しているのには数々の理由がある。

理由① 専念するものを自分で決めるから

自分自身で、ひとつのものに専念すると決め、目に見えるゴールを設定する。そして、みんなに誓いを立てる――これだけでも大きな前進だ。

理由② 報告するから

毎日報告するとなると、きちんとやらずにいられない。「今日もやったぞ！」とみんなに胸を張れるからだ。ぐっとポジティブな気分になれるし、報告がごほうびにもなる。

理由③ 励ましを得られるから

たとえば私自身、あるチャレンジ中に2〜3日、体の調子が悪かったことがある。そのとき「励ましてくれないか」とみんなに頼んだら、これでもかというほどやる気をもらえた。おかげで無事にチャレンジに戻ることができた。

理由④ 刺激を得られるから

仲間がたくさんいると、「ついていきたい」と思えるような先輩がどこかに必ずいるものだ。ほかの人がうまくやっているのを見ると刺激される。みんなにできるのなら、あなたにも必ずできる！

とにかく、仲間を見つけることだけは強くお勧めする。オンラインでもオフラインでも、あなたの挑戦を支えてくれるはずだ。フォーラムやコミュニティはインターネット上にたくさんある。きっとあなたの習慣を変える「てこ」の力になってくれるだろう。

習慣化チャレンジのルール

「習慣化チャレンジ」を成功させるルールはごく限られている。以下の点さえ守れば、何も身につかないまま30日を過ごすほうが難しいくらいだ。

ルール① 1度にひとつだけ

このルールは破るべからず。1度にいくつも手を出せば成功は遠のく。断言する。私自身の経験から言っても、マルチチャレンジの成功率は0％。シングルチャレンジなら50〜80％。残りのルールを守るかどうかで、この成功率は変わってくる。

ルール② 達成しやすいゴールを選ぶ

最初は毎日無理なくできそうなことからはじめよう。無理なくどころか、「これならできる」と思うものよりさらに楽そうなものを選ぶのがいい。

毎日30分ならできると思ったら、10分を選ぶ。あっさりとクリアできそうなものを選んでおくのが成功の秘訣だ。

ルール③ 目に見えるゴールを選ぶ

うまくいったかどうか、毎日はっきりとわかるものを選ぼう。

エクササイズを習慣にすることに決めたら、「毎日20分」などと時間を設定するといい。

ルール④ いつも同じ時間に行う

できればいつも同じ時間にチャレンジしよう。

たとえばエクササイズなら、毎朝7時とか毎晩6時にはじめる。ランダムにやるよりもずっと習慣化しやすい。

ルール⑤ 毎日報告する

2～3日おきの報告でもかまわないが、毎日報告したほうが成功率は高くなる。

これはシンプル・チャレンジのフォーラムで実証済みだ。

ルール⑥　前向きな気持ちを忘れずに！

ときには壁にぶつかることもある。しかし「そんなものだ」とわきまえて、こだわりすぎずに前進だ。

シンプル・チャレンジの辞書に「かっこ悪い」なんて言葉はない。

12の基本習慣からはじめよう

自分のためになると思えるものなら、どんな習慣を選んでもいい。

しかし「どれからはじめればいいか」と訊かれたら、次の「12の基本習慣」を勧める。

ひと月にひとつで1年分。どれもあなたの人生を大きく変える入り口になるはずだ。

基本習慣①　毎朝3つ、その日のもっとも重要なタスク《Most Important Task》（MIT）を決める。

基本習慣②　シングルタスクを徹底する。あれこれ切り替えない。

基本習慣③　〝受信トレイ〟を空にする。

基本習慣④　Eメールのチェックは1日に2回だけにする。
基本習慣⑤　毎日5〜10分エクササイズする。
基本習慣⑥　インターネットの接続を切って仕事する。
基本習慣⑦　毎朝のルーチンをこなす。
基本習慣⑧　野菜とフルーツを毎日たくさん食べる。
基本習慣⑨　デスクまわりを整理整頓する。
基本習慣⑩　ショート・リストにない頼まれごとに「ノー」と言う。
基本習慣⑪　1日15分、家の中をかたづける。
基本習慣⑫　「Eメールの返事は5文まで」を守る。

>>>>>> 減らす原則 6

小さくはじめる

ここまでで紹介した5つの原則さえ守れば、シンプルな生き方への脱皮は、まずまずうまくいく。しかし、この原則をプラスすると、成功確率は最大限にまで高まるはずだ。

変化を起こそうというときには力が入る。野心に燃えてつい大きくはじめてしまう。しかし力が入りすぎると、力が抜けるのも早い。1、2週間と経たないうちに脱落してしまう。新年の抱負が実現しないのも、ほとんどこれが原因だ。

そんな問題を解決してくれるのが原則6「小さくはじめる」だ。

もっとできるとわかっていても、**できる限り簡単なものを、ほんの少しから**はじめる。

たとえば、早起きしようと決めたときは、私はほんの15分早く起きることからはじめた。

小さくはじめると成功する理由

この原則は案外無視されがちだ。真の大切さがなかなか理解されない。

ではまず、小さくはじめれば成功する主な理由から挙げてみよう。

理由① 集中しやすいから

集中こそ達成のカギだ。

1度にあれもこれもやろうとすると、集中力が欠けて効率が落ちる。

しかし、小さくはじめれば、一点集中できる。そこだけに思う存分、力を発揮できるのだ。

理由② やる気とエネルギーが長続きするから

自分がさばける量より少ないところからはじめれば、やる気もエネルギーも温存できる。

まるでダムにたっぷりと張られた水のようだ。そんな蓄えがあれば、長い間ふんばれる。

理由③ やりやすいから

簡単であればあるほどいい。最初は特にそうだ。

「どうもやりにくいな」と感じるものは失敗に終わる可能性が高い。

理由④ 成功が約束されているから

小さな成功は大きな成功に比べたら満足感だって小さい。しかし、それは最初だけの話。

1度小さく成功したら、そこから次の成功へと、どんどん進んでいける。小さくても積み重なれば、いずれ大きな成功になる。大きく失敗するより、はるかにいい。

理由⑤ ゆっくりとした変化には持続力がある

たとえば過激なダイエットで2カ月に20キロ落としたら、その達成感は並みのものではない。ただ、リバウンドの可能性も高い。結果的に以前より太ってしまう人だっている。

しかし、週に1キロ弱の減量なら、長い間維持できる。これはダイエットの研究でも実証されていることだ。変化はゆっくりと起こそう。小さな変化を少しずつ重ねていこう。

1度に大きな変化を狙うより、ずっと習慣になりやすい。

「いつでも、なんでも」はじめてみよう

では実際に、いつ、何から小さくはじめればいいのか？

答えは「いつでも、なんでも」だ。どんなゴールを目指すときも、どんなプロジェクトやタスクを実行するときも、とにかく小さくはじめよう。以下はほんの一例だ。

- **エクササイズ**　1日30分と言わず、5～10分からはじめよう。
- **早起き**　1時間も2時間も早めるのはきつい。15分早く起きることからはじめよう。
- **集中**　これと決めたこと、1回に5～10分集中することからはじめよう。
- **Eメール**　1日のチェック回数を2～3回少なめに制限することからはじめよう。
- **ヘルシーな食事**　メニューを何かひとつだけ変えることからはじめよう。
- **大プロジェクト**　プロジェクトの中の小さなタスクひとつからはじめよう。
- **かたづけ**　オフィスや家全体ではなく、引き出しひとつからはじめよう。

パートⅡ・実践編

もっとできると
わかっていても、
できる限り簡単なものを、
ほんの少しから
はじめる。

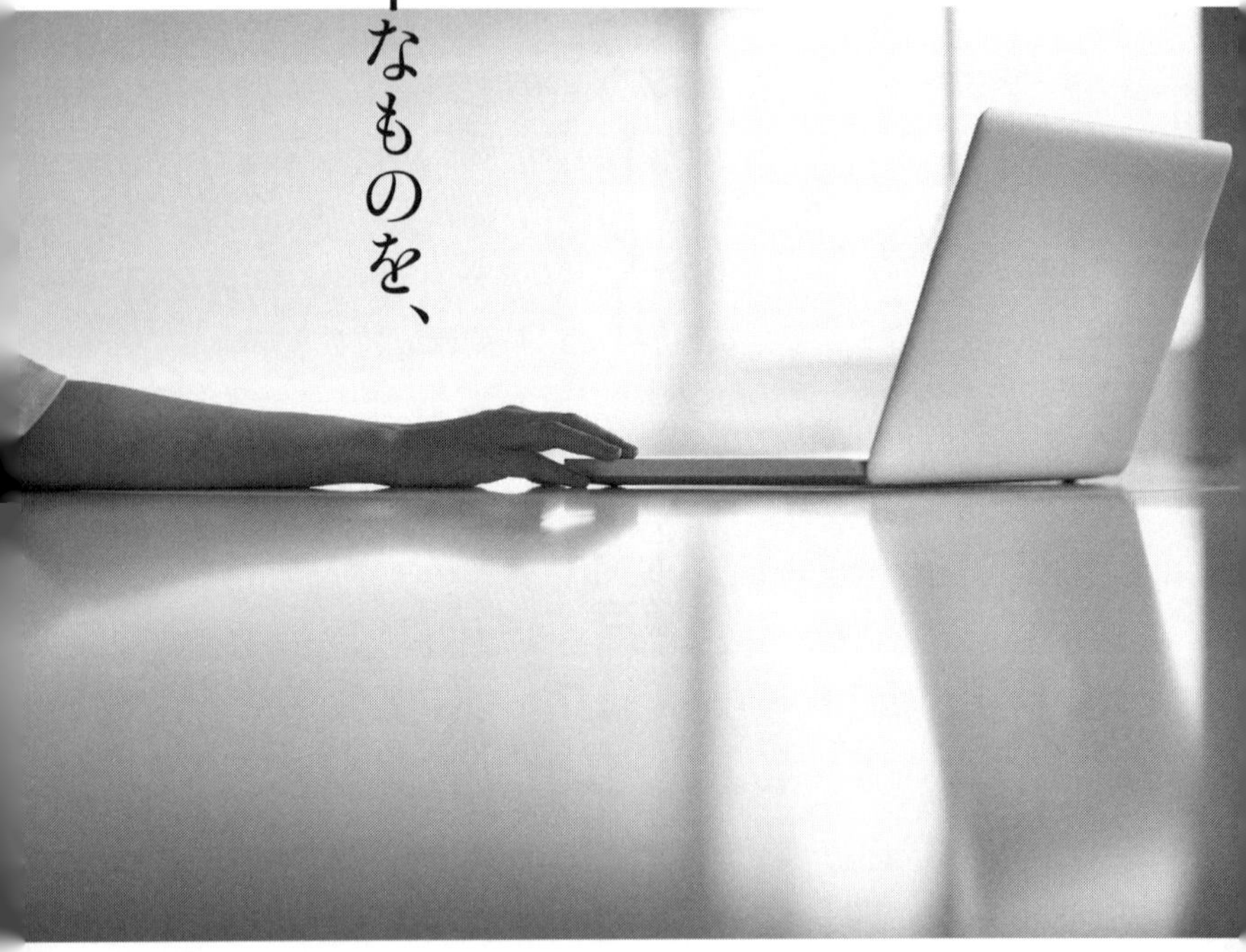

The
Power
of
LESS

>>>>>> 減らすテクニック 1

シンプル・ゴール

ゴールを設定するのは簡単だが、達成するのはとんでもなく難しい。実現させる価値があるものほど大変だ。

目標を達成するには、**エネルギーと集中力とモチベーション**が欠かせない。だが、この3つには限りがある。あなたがどれほど本気であろうと、その事実は変わらない。

いくつものゴールを目指したりすれば、限りがあるエネルギーや集中力やモチベーションが拡散して薄まってしまう。そんな状態でがんばれるのは最初の2、3週間がやっと。それ結局どのゴールも達成されないまま、リストにとどまってホコリをかぶっていく。それを横目で見ながら、何ひとつ満足に成し遂げられなかった罪悪感はつのるばかりだ。

「ワン・ゴール」方式

「ワン・ゴール」方式は実にシンプル。その名の通り、**1度にひとつのゴールだけ**に集中して効率よく目標を達成するテクニックだ。

大きなゴールなら、小さくて具体的なステップ（サブ・ゴール）に分解すれば集中しやすい。サブ・ゴールも1度にひとつずつ達成していこう。

ステップ① ワン・ゴールを選ぶ

この先2、3年で達成したいゴールをリストアップしよう。10や20くらいは挙がるかもしれないが、そこからひとつだけを選ぼう。

選ぶゴールは、心から達成したいと思えるものにしよう。あなたの思い入れが強ければ強いほど最後までふんばろうという気になれる。

「何がなんでもこれを一番にかたづける！」とこの先何カ月も思い続けられるようなものを選ぼう。

できれば半年か1年くらいで達成できそうなゴールがいい。それを超えると集中力を保ち続けるのが難しいうえに、道のりの遠さに圧倒されてしまう。

では、ゴールまでには2年かかりそうだという場合にはどうするか？

ワン・ゴールが「弁護士になること」だとしよう。ロー・スクールに入って、そこで3年間勉強したあと、司法試験を受けて合格すれば晴れて弁護士になれる。

この場合、最初のゴールはとにかく「ロー・スクールに入学すること」だろう。これなら、学校探しや願書の提出などの手続きに関しては、半年から1年あれば準備ができる。

ステップ② サブ・ゴールにブレークダウンする

ワン・ゴールを選んだら、次はその中の小さな「サブ・ゴール」に着目だ。1〜2カ月で達成できそうな、最初のサブ・ゴールを設定しよう。

ロー・スクールの例でいくと、第一のサブ・ゴールはリサーチだろう。好きな地域にある、いいロー・スクールを探して、その中からベスト5を選び出し、それぞれの詳細を調べる。名づけて、「ロー・スクール・ベスト5完全リサーチ」だ。

ロー・スクールは、入りたいと決めたその日に入れるようなところではない。だからこそ、少しでも簡単に見えるサブ・ゴールが必要になってくる。

ステップ③ 週間ゴールを決める

サブ・ゴールの達成に向けて、今度は「週間ゴール」を決めよう。

さきほどの例でいくと、今週はインターネットで検索したり、図書館へ行ったりして「好きな地域にある、いいロー・スクールを見つけ出す」。これが最初の週間ゴールだ。

ステップ④ 今日取り組むタスクを決める

週間ゴールの達成に向けて、「1日1タスク」を決めよう。

この1タスクが、その日の**「もっとも重要なタスク《Most Important Task》」（MIT）**になる。必ず1日のはじめに手をつけよう。

ほかの用事や仕事の中に埋もれさせたりせずに、まずこれをかたづける。そうすれば、毎日ワン・ゴールに向かって気持ちを集中することができる。

ここまでの過程は複雑に見えるかもしれないが、実際にやってみると極めてシンプルだ。

まず、今年の**ワン・ゴール**を設定する（1月からでなくても、いつからでも問題ない）。次に、1～2カ月で達成可能な最初のサブ・ゴールを決める。そして毎週、**週間ゴール**を決める。最後に、週間ゴールに向かって少しでも前進していけるように**今日のタスク**を決めて、MITとする。

この方式だと、毎日ひとつずつ小さなタスクをクリアしながら、つねに最終ゴールへ向かって前進し続けられる。

むやみにあれこれ手を出して集中力が落ちることもない。「これだ！」と決めた目標の達成に、全エネルギーを注ぎ込める。

>>>>>> 減らすテクニック 2

シンプル・プロジェクト

あなたはプロジェクト・リストを作っているだろうか？

まだだったら、今すぐ簡単にでも作ってほしい。仕事でも個人的なものでも、地元の活動に関するものでも、あなたの人生に関わるあらゆるプロジェクトを書き出していこう。

大雑把な基準として、**達成に1日以上かかること**ならプロジェクトの候補になる。

さて、リストにはいくつ挙がっただろう？　10～12プロジェクトくらいになっただろうか。仕事中毒気味だとか、並みはずれて忙しい人なら、もっと多いかもしれない。しかし、それは決していい傾向だとは言えない。プロジェクトが多すぎると効率は落ちる。

次に、できあがったリストの中から、トップ3だけを選んで別に書き出そう。

The Power of LESS

「難しい」と感じる人もいるかもしれないが、ぜひやってみてほしい。各分野からひとつずつ選ぶのではない。**全体の上位3つ**だ。

3つだけを書き出せたら、それがあなたの「シンプル・プロジェクト・リスト」だ。残りは全部、二次リスト。いわばネクスト・バッターズ・サークルで待機中の身になる。二次リストの面々はあとで様子を見にいくことにして、今は手をつけない。シンプル・プロジェクト・リストの3つを達成するまで、いったん保留だ。

もう一度言おう。**シンプル・プロジェクト・リストの3つをすべて達成するまで、二次リストには手をつけない。**ひとつ終わった時点でも、2つ終わった時点でもない。3つ全部達成するのが先決だ。

なぜか？ プロジェクト・リストが複雑だと、ついあれもこれもと手を出して大切なプロジェクトがおろそかになる。シンプル・プロジェクト・リストなら、つねに「トップ3の達成」に焦点を絞り込める。

できればトップ3のうち、少なくともひとつは、「ワン・ゴール」に関連したプロジェクトが入っていれば理想的だ。そうすれば毎日ワン・ゴールに向かって前進を続けていける。

残り2つのプロジェクトは、プライベートなものを入れてもいい。今自分が置かれている状況に一番しっくりくるように設定しよう。

ここで「どうして1プロジェクトだけに絞らないのか？」と疑問に思う人もいるだろう。3つに絞って効率が高まるのなら、ひとつに絞ればさらに効果が上がるはずだ。そう考えるのも当然。何しろ、前章で「ひとつに集中すること」を勧めたばかりだ。

現実には、どんなプロジェクトにも必ず**「待ち時間」**がある。情報や返事を待ったり、人がタスクを終えるのを待ったり、メーカーやクライアントの都合で待たされたり……。こうした待ち時間の間は進行が止まってしまう。だからここでは、あえてマルチ・プロジェクトにするのだ。

ひとつのプロジェクトで1時間や1日、あるいは数日の待ち時間が発生したら、その間は別のプロジェクトを手がける。

このようなマルチ・プロジェクトでは、私の経験から3つを並行させるのが最適だと気づいた。それより増えると効率は下がりはじめる。

マルチ・プロジェクトでは、1プロジェクトの達成にかかる期間は1カ月以内が理想的だ。1〜2週間ならなおいい。

長期間かかる場合は、短期プロジェクトに分解しよう。1カ月以内で達成できるように小さく切り分ければいい。

たとえば雑誌の発行を目指しているなら、まずは草案に集中するのが最初の短期プロジェクト。次にチーム作り。そして資金集め……といった具合だ。

達成に集中する

プロジェクトの進行中は、一番重要なことに集中するのを忘れがちになってしまうことが多い。ミーティングを開くことや、Eメールやインスタントメッセージで連絡をとり合うことに必死になってしまう。枝葉にばかり気をとられてしまうのだ。

しかし、どんなプロジェクトであろうとも、**「達成」**にこそ焦点を絞り込むべきだ。

毎日、ゴールに向かって前進することに集中しよう。邪魔なものは脇へやって、目の前のプロジェクトだけに全エネルギーを注ぎ込む。

それでは、プロジェクト達成のコツをほかにもいくつか挙げてみよう。

ポイント① 達成をイメージする

「これで達成できた！」と認識するためには、事前に目指す結果をはっきり定義しておく必要がある。プロジェクト達成をしっかりとビジュアライズしよう。
1、2行程度の文章にまとめて、シンプル・プロジェクト・リストを書いておくといい。
その結果のイメージを目指して前進しよう。

ポイント② プロジェクトはタスクに分解する

「プロジェクト」を実行することはできない。やるのは「タスク」だ。

どんなプロジェクトでも、理想の結果をイメージして書き留めたあとは、まずその理想を実現するために必要なタスクをリストアップする。

リストができたら、その中から最初にとりかかるべきものを選んで、達成に全力を注ぐ。

それが終わったら次のタスクへ、終わったらまた次へ……と最後のタスクまで続けよう。

「1度に1タスク」を忘れずに。

ポイント③　毎日、ゴールへのコマを進めてくれるタスクを選ぶ

毎日まずはじめに、「もっとも重要なタスク《Most Important Task》」（MIT）を3つ選ぼう。その日ほかに何をやろうと、最初にMITさえきちんと達成しておけば、充実した1日になる。

MITのうち少なくともひとつは、進行中のプロジェクトに関連したものを選ぼう。そうすれば、プロジェクト達成への階段を毎日必ずのぼっていける。

ポイント④　進行状況の見直し

しっかりと線路の上を走り続けるには、週に1度プロジェクトの進行状況を見直して、どれだけ達成に近づいているか、あとは何をすべきなのかを確認しよう。

「達成に近づけてくれないものに気をとられていた」と気づいたら、集中しなおせばいい。

プロジェクト・リストが思い通りにできないときに

自分の思い通りにプロジェクト・リストを組める人は、実に運のいい人だ。しかし残念なことに、みんながみんなそれほどラッキーなわけではない。

上司から「あれをやれ」「これをやれ」と、微に入り細にわたって指示される人は少なくない。

手がけるプロジェクトの数をせっかく3つだけに絞ったのに、上司はさらに2つ仕事を持ってきて、しかも「すぐにやってくれ」と言う。

だが安心してほしい。

リストが自分の思い通りにならなくても、手がけるプロジェクトの数を絞る作戦がある。

ここに紹介する方法は、どれもあなたの役に立つというわけではないかもしれないが、そのなかでも一番うまくいきそうなものを選んで試してみてほしい。

作戦① それでも自分なりのリストを作る

ときには、事前に許可をもらうよりも、事後承諾を得るほうがうまくいくことがある。つまり、とにかく自分が「これをやるべきだ」と思うことをやってしまって、成功したそのあとで上司に知らせるのだ。

この作戦は、あなたの上司がやたらと経過報告を欲しがる究極の支配魔ではない場合はベストだ。せめて2~3日放っておいてくれれば、なんとかなるだろう。自分なりのトップ3プロジェクトを選んで、それだけに没頭しよう。

もしかしたら上司は、あなたがどう達成したかには興味などなくて、ただ仕事がかたづいたという事実に満足してくれるかもしれない。

作戦② 遅らせる

もしあなたの上司が、1度に4つ以上のプロジェクトをこなすように言ってきたり、やたらとこまめに経過を訊いてきたりするタイプなら、「遅延作戦」がいいだろう。

つまり、トップ3のプロジェクトに集中する姿勢はそのまま変えないで、まずはその3

つをできるだけ早く達成するようにがんばる。そして達成したら、「同時にやれ」と言われていた残りのプロジェクトにとりかかろう。

そう、トップ3が終わるまで遅らせるのだ。

締め切りの延長を願い出よう。あるいは、ほかのプロジェクトがあってどうしても手がまわらなかったと（あるがままを）告げる。

決して嘘をついてごまかすのではなく、正直に遅らせよう。

作戦③ シンプル・プロジェクト・リストについて上司に話す

実は私個人の意見では、これが最善策だ。できるなら、ぜひともやってみてほしい。以下がその方法だ。

まず、上司と向かい合って座り、シンプル・プロジェクト・リストのことを話す。

一点集中でがんばるので、今までより効率が上がること、ずっとうまく達成できるようになることを力説する。「この方法で必ずやり遂げます」と約束しよう。

シンプル・プロジェクト・リストの効果をわかってもらうためには、本書を読んでもらうのもいいだろう。

作戦④ 上司に選んでもらう

シンプル・プロジェクト・リストのことを話しても、あなたに3つを選ばせてくれないのなら、上司に自ら選んでもらおう。

その上司から頼まれているプロジェクト全部と、あなた自身のプロジェクト・リストやToDoリストをすべて見せたうえで、上司の手で3つを選んでもらい、その仕事に全力投球することを約束する。

達成できたら、次の3つをまた選んでもらう。その繰り返しだ。

あなたの時間には限りがあって、1度にさばける量にも限界がある。どうやってもわかってもらえないのなら、ほかの仕事を探したほうがいい。その上司は、人間にできる以上のことをあなたに求めているのだから。

減らすテクニック３

シンプル・タスク

ゴールやプロジェクトは、タスクのレベルまでシンプルにしてはじめて達成可能になる。何しろ、すべてのはじまりはタスクなのだから。

タスクをシンプルにするのはもっとも重要なステップだ。これでストレスを減らしつつ、これまでよりもうまく目標を達成していけるようになるはずだ。

もっとも重要なタスク《Most Important Task》（ＭＩＴ）

「もっとも重要なタスク《Most Important Task》（ＭＩＴ）」とは、その日ごとに絶対達成したいタスクのことだ。私は毎日３つ、ＭＩＴを選んでいる。とりあえず３つからはじめて様子を見てみるといい。

「今日は何がなんでもこれをやり遂げたい！」というものがＭＩＴだ。だからこそ、私はいつも朝一番にとりかかる。朝起きて、水を1杯飲んで目を覚ましたらすぐMITだ。

では、ほかの用事はどうすればいいのか？

毎日のちょっとしたタスク（Eメール、電話、ミーティング、書類整理、買いもの、ネットサーフィンなど）はたいてい、ちょこちょこと重要な仕事の邪魔をする。

しかしMITを1日の最優先事項にしておけば、ささいな用事に時間を奪われることなく、まっ先に重要なタスクをかたづけられる。MIT方式のいいところはそこだ。

MITさえ終われば、あとは小さなタスクをまとめてやればいい（これを「バッチ処理」と呼んでいる。詳しくはまた次の章で）。

さて、MITを選ぶときに私が気をつけているポイントはこうだ。

3つのうち少なくともひとつは、自分の人生のゴールに関連しているものを選ぶこと。

ほかの2つは仕事関連でも（ほぼいつもそうだ）、残りのひとつだけはいつも「人生のゴール」につながるものにしておく。

そうすれば、夢に向かって毎日着実に前進していることになる。

このひとつがあるかどうかでずいぶん違う。「今日も夢の実現のために努力しているぞ！」という実感を毎日持ち続けられるのだから。

このＭＩＴ選びは、日課として私の毎朝のルーチンに組み込まれている。おかげで、人生のゴールに合わせてＭＩＴを選ぶ作業が、ほぼ無意識のうちにできるというわけだ。

もうひとつだけ重要なポイントがある。それは、家でもオフィスでも、選んだＭＩＴには朝一番にとりかかること。とにかくその日一番にやっつける。

時間が残ったら何をするのも自由。そうなるともう、おいしいオマケをもらったようなものだ。

〈ＭＩＴへの取り組み方〉

・朝一番に選ぶ。
・３つだけ選ぶ。
・最低ひとつは人生のゴール（あるいはトップ３プロジェクト）に関するものを選ぶ。
・毎日ＭＩＴが最優先。ほかのことに手を出す前にとりかかる。
・シングルタスクを忘れずに、一度にひとつのＭＩＴに集中しよう。

スモール・タスク

各タスクの「大きさ」についても考える必要がある。「1度に1タスク」と言っても、タスクがあまりにも巨大でやる前から腰が引けてしまうようなものなら、達成は難しい。1時間以内で達成できる小さなタスクに切り分けよう。20~30分ならもっといい。いっそのこと10~15分でもいい。

小さければ小さいほどいい。その分達成しやすくなる。

たとえば今、目の前に巨大なタスクが鎮座しているとしよう。「年次報告」だ。やらなければいけない。でも体が動かない。もうしばらくにらみ続ける……。

そのうち、ふとEメールをチェックしたくなる。ついでに銀行口座も確認だ(ああ今月も赤字)。その勢いでネットサーフィン……。

巨大なタスクはいつまでたってもかたづかない。だったら、タスクを小さく刻もう。「年次報告を書く」より「最初の一段落だけ書いてみる」にしたほうがずっといい。それなら短い時間でできそうだ。今とりかかれば、10～15分でできるだろう。

重要なタスクをぐずぐずと引き伸ばしにしているときは、こんなふうに小さなタスクに切り分けてみよう。

そしてとりかかる。**とにかく、とりかかる。**

一度やりはじめさえすれば、歯車が回りだして壁が崩れ落ちる。次のタスクも小さければ手を出しやすい。

そうやって次へ、また次へと進んでいけば、そのうち巨大なタスクを踏破できる。

小さければ小さいほどいい。
その分達成しやすくなる。

減らすテクニック 3
シンプル・タスク

>>>>>> 減らすテクニック4

シンプル時間管理

スケジュールを分刻みに管理して、その通りに行動しようとする人がいる。しかし、スケジュールを組んではみたものの、思う通りにいかないことのほうが多いのが現実だ。状況はいつだって変化している。大切なのはその波に乗ること。

特に普段からスケジュールが流動的な人は、時間管理に手間をかけたくはないだろう。時間管理はシンプルに。融通の利かない複雑なスケジュールは避けよう。

時間管理が苦手な人はオープン・スケジュールでいこう

「スケジュールのことを考えると気が滅入る」という人は、**オープン・スケジュール**にして、時間管理を最小限に抑えることを勧める。人生をカレンダーに支配されず、一瞬一瞬

The Power of LESS

を生きる、そんな時間管理の方法だ。とは言っても、実際にどうすればいいのか？

オープン・スケジュールとは、**アポをスケジュールに入れない**ようにすることだ。過激なやり方だと感じる人が多いかもしれない。しかし、今にはじまったテクニックではないし、これで成功している人が実際にいる。

だれかからアポをとりたいと連絡があったら、アポはとらないことにしていると伝え、その代わり、相手が会いたいと思う時間の少し前に電話で確認を入れてもらうようにするといい。そのとき時間が許せば会う。会っている時間は最小限に抑えよう。

とりあえず覚えてはおきたいけれども、必ずしも行く必要のない行事類。こういうものはカレンダーに記録しておく。私はGoogleカレンダーを利用している。「時間があれば選べるオプション」を提示する役割を果たしてくれる。

これなら人生を支配されている気にはならない。ただし、あまりなんでも書き込みすぎると本末転倒になってしまうので注意が必要だ。

オープン・スケジュール派になると決めた場合に大切なことは何か？

それは、**自分の優先順位をしっかりと知る**ことだ。いつもその優先順位をベースに、どのくらいの時間とエネルギーが残っているのかを見ながら、何をすべきかを決めていく。

今を大切に生きよう。1度にひとつのタスクに没頭しよう。熱くなれるタスクを探して取り組もう。情熱を感じるほど、エネルギーを注ぎ込むほど、うまくやれる。

意識的に「フロー」に入る

タスクに熱中して我を忘れている状態を「**フロー**」という。

近年、科学の世界からもビジネスの世界からも注目を集めている。フロー状態に入ると、生産性が高まったり、高揚した幸福感を得られたりすることがわかってきたからだ。

フローとは、没頭しきってまわりの世界が消え、すっかり時間を忘れてしまう——そんな状態のことだ。意識的に入っていけるように、ポイントを抑えて訓練してみよう。

ポイント① 情熱を感じられるタスクを選ぶ

「どうでもいい」ことには熱中することはできないから、フローには入っていけない。

ポイント② チャレンジングなタスクを選ぶ

難しすぎても、簡単すぎてもダメだ。がんばればできる適度な難易度のタスクを選ぼう。

ポイント③ 邪魔をなくす

電話、Eメールの着信音、インスタントメッセージとはおさらばだ。机の上やパソコンのデスクトップが乱雑なのも気が散るもとになる。気が散る原因は少ないほどいい。

ポイント④ タスクに没頭する

とにかくとりかかって、完全に集中しよう。ほかのことはすべて忘れて、自分だけの世界へ。目の前のタスクに心を躍らせて楽しもう。

ただし、時間を忘れてアポに遅れる危険あり。これだから、アポをとったりきついスケジュールを組んだりするのは勧められないのだ。

自分の優先順位を知る

オープン・スケジュールにする場合、その時々に何をするべきなのかをどうやって判断すればいいだろう？　そのカギは「優先順位」だ。

8章の「もっとも重要なタスク《Most Important Task》」（MIT）を思い出してみてほしい。あなたの1日をつかさどるのは、スケジュールではなくMITだ。

優先順位さえはっきりすれば、あとは集中力がものを言う。だから**「1度に1タスク」**を強く勧める。

3つのMITを達成するには、1度にひとつのMITに集中して、それを繰り返そう。MITをきちんと達成するまでは気を散らさないこと。

これまでマルチタスク派だった人には、ずいぶんな荒療治となるかもしれない。しかし、シングルタスクは効率を上げるばかりでなく、気分が楽になる。

むずむずとほかのことがやりたくなってきたら、そっと手元のタスクに意識を戻せばいい。それを続けていれば、すぐにMITを簡単にやっつけられるようになる。

もちろん、「ああ、あれもやらないと」と用事を思い出したり、同僚から頼みごとをされたり、急にアイデアが浮かんだりすることだってあるだろう。しかし、そんな用事や頼みごとに人生を支配されてはいけない。

タスクを切り替えたりせずに、メモしておいてあとで考えよう。メモをとったらすぐ目の前のタスクに戻る。MITを達成したら、メモを見返して次にやることを決めればいい。

タスクを減らす

タスクの数が少なければ少ないほど管理は楽になる。あなたが費やした時間に対してもっとも見返りが大きく、ストレスも減る。それでこそいい勝負ができるというものだ。

タスク管理に限らずどんな管理についても、私のモットーは**「管理の前にまず減らせ」**。管理するものの数が20と言わず3つだけなら、そもそも管理の必要はない。

時間管理でも同じだ。やることそのものをまず減らす。

だれかに頼んだり、あとまわしにしたり、約束ごととさよならしたり——いつもシンプルにすることに気を配ろう。そして重要なものにしっかりと集中する。そうすれば、あとはなんとかなる。

バッチ処理でまとめてかたづける

1日の間には、MITのほかにもやらなければならないこまごましたことがあるものだ。それをかたづけるときは、

1　MITより優先させずに、
2　あとで「まとめて」かたづけて時間を節約する

この2つがコツだ。

コンピューター・プログラミングの世界では、こういうやり方を「**バッチ処理**」と呼んでいる。似たようなタスクをまとめて一気にかたづけるテクニックだ。あれこればらばらに処理するよりも時間の節約になる。

The
Power
of
LESS

まずMITをきちんと達成してから、そのあと電話なら電話の時間、メールならメールの時間をまとめてとって**一気に処理する。**「切り替え」を減らせば減らすほど、時間の無駄も減って、シンプルなスケジュールになる。

バッチ処理で済ませるタスクは、ToDoリストにメモしておこう。もちろん、MITより下に書く。「Eメール」「電話」というふうにグループ分けしてもいいし、「バッチ・タスク」とひとくくりにしてもいい。

1日の早いうちに処理するのではなく、あとのほうまでとっておいてからまとめて処理する。朝は、MIT用の時間だ。まずMITを達成してから、バッチ・タスクをできるだけ短時間で一気にかたづけよう。

バッチ・タスクとして処理できるのはどんなものだろう？　以下に例を挙げてみよう。

〈バッチ・タスクの例〉

・**電話**　必要な電話の用事をメモしておいて、あとでまとめてかける。私は約30分をこの時間に当てている。

・**Eメール**　これは今や、だれにとっても大きな課題だ。そのうちメールに人生を支配されそうな気までする。詳しくは次章で説明するが、基本的に「Eメールはバッチ処理」。1日のチェック回数をあらかじめ決めておこう。私なら「1日に2回」、朝10時と午後4時頃をお勧めする。朝一番は避けよう。メールの波に溺れてしまう危険性大だ。

・**出かける用事**　買い物などちょっとした外出の用事をまとめると、出たり入ったりの時間を節約できる。1日の終わりにまとめるか、「出かける用事の日」を1日作るといいだろう。

・**書類仕事《ペーパーワーク》**　私はこのところほとんど紙のお世話になっていないが（ペーパーレスを実践中）、オフィスではそうもいかないはずだ。書類にサインしたり、内容を検討したりする作業がたまっていたら、ぱらぱらと手をつけないで、まとめてかたづけよう。

・**ファイル処理**　Eメールと同じく、書類受けもまとめてチェックして必要な処理を決める。書類がくるたびに処理していては、1日を支配されてしまう。スケジュールをコントロールするのは、あなただ。何時にやるか決めておいて、1度にまとめて処理して空にしよう。

・**会議**　難しいかもしれないが、もしあなたに権限があるのなら、決まった時間にまとめて開こう。各会議の目的と制限時間をはっきりさせておくのも大切だ。

・**ネットサーフィン**　きっとあなたも、いつも必ずチェックするサイトがいくつかあるに違いない。MITの邪魔にならないように、チェックする時間を決めてまとめて見よう。

・**リサーチ**　仕事の中には、事前に資料を読んだりリサーチをしたりすることが必要なものがある。これもできればまとめてやろう。

・**メンテナンス的なタスク**　これは、仕事を維持していくうえで日常的に必要なちょっとしたタスクを指す。たとえば私はブロガーなので、読者のコメントをチェックしたり、広告を調整したり、HTMLのタグをいじったり、といったタスクがこれに該当する。ほかの職業の人にはほかのメンテナンス・タスクがあるはずだ。MITではないが、やっておかなければいけないちょっとしたこと――そんなタスクは、できれば1日の終わりにまとめてかたづけよう。

シンプル時間管理のツール

時間管理のツールはあまり多くなるとややこしく、面倒くさくなるだけだ。ここまでで紹介したシンプルな時間管理のコツを使えば、たくさんのツールはいらない。

私が勧めるのは以下の2つだ。

・ツール① カレンダー

できるだけシンプルにいこう。約束が少なければ、シンプルな壁掛けカレンダーがいい。1日1、2件では足りない場合は、オンラインのカレンダーのほうがいいかもしれない。

私が強くお勧めするのはGoogleカレンダーだ。手軽でシンプルで、軽快に使えて、インターネットにさえつながっていれば、どんなパソコンからでもアクセスできる。カレンダーは、あとで覚えておきたいことを記入しておく「備忘録」としても使える。

・ツール② ノート、またはテキストファイル

ポケットサイズのシンプルなノートがベストだ。用途別に分けたりせずに、ただそれだけ。なんにでも使ってほしい。MITとバッチ・タスクをメモしたり、ワン・ゴールを書き込んだり。ツールがひとつしかなければ、悩む必要もない。紙よりパソコンのほうがやりやすかったら、シンプルなテキストファイルを使おう。私もそうしている。

ファイルの一番上には、今日のMIT。その下にバッチ・タスク。さらにその下にはちょっとしたメモや、思いついたアイデア。いつも1日に1回このファイルを処理している。

>>>>>> 減らすテクニック 5

シンプル・Eメール

Eメールは今や毎日の生活に欠かせないツールだ。私たちはもう受信トレイの中で暮らしているようなものだと言ってもいいかもしれない。

メールは便利な一方で、とてつもない負担にもなっている。いつも私たちを重要なタスクから引き離す悪魔だ。へたをすると人生まるごと乗っ取られてしまいかねない。

受信トレイの中で暮らすような人生より、いい生き方がある。メールの時間は最小限に抑えよう。制限を設けて効率を上げ、受信トレイを空っぽにしてメールの覇者になろう。

〝受信トレイ〟を最小限に減らす

あなたは普段、何種類くらいの方法で情報を得ているだろう？　たいていの場合は6種類といったところだろうか。Eメール、携帯電話のメール、留守番電話のメッセージ、紙媒体、ブログ、その他オンラインのメッセージ（MySpace、FacebookなどのSNS）。

Eメールだけでなく、**メッセージをチェックする必要があるものは、すべて〝受信トレイ〟だ。**その数が多ければ多いほど大変になる。いつもチェックして処理しなければならない。終わりのない作業だ。しかしやり方によっては、うんざり感もストレスも減らすことができる。

情報管理を〝生産性がぐっと上がるレベル〟にまで持っていくには、まず受信トレイそのものの数を最小限にまで減らすことが基本だ。

ステップ① 情報を得ている方法をすべてリストアップする

最初はいくつか抜け落ちてしまうかもしれないが、思い出したときに書き足せばいい。

The
Power
of
LESS

Eメール以外のデジタル受信トレイも、紙媒体などアナログの受信トレイも忘れずに。

ステップ② それぞれの価値を見極める

特になんの足しにもなっていないのに、なんとなくチェックし続けている受信トレイはないだろうか？　そういうものは、チェックする手間を無駄に増やしているだけだ。

ステップ③ 合体、または削除する

価値がないと判断した受信トレイは削除していこう。とりあえず思いきって削除してみて、それなしで1週間様子を見てみるといい。

価値があると判断したものも、ひとつの受信トレイにまとめられるかどうか考えてみる。たとえば今、家の中で紙媒体を整理しておく場所は何カ所あるだろう？

郵便物、学校の連絡表、電話の伝言メモ、パソコンの印刷物、スケジュール表などはすべて1カ所へ。Eメールサービスを4つも使っている？　だったらひとつのサービスに全部転送しよう。

オフィスでは、入ってくる書類は全部ひとつの書類受けに入れよう。

読んでいるブログが多すぎる？　ＲＳＳリーダーにまとめて一気にチェックしよう。受信トレイは減らせば減らすほどいい。できれば7～4つに減らし、ひとつか2つになれば理想的だ。

Eメールの処理時間を減らす

一日中メールをチェックしていたのでは、仕事にならない。あらかじめ決めた時間にだけチェックして、それ以外は気にしないこと。これで重要な仕事にまわせる時間が増える。

まずは1日に何度、それぞれ何時にチェックするか決めよう。コツは以下の通りだ。

ポイント① 1日のチェック回数を決める

1日にメールをチェックする回数は、どんな仕事をしているかによって違ってくる。

1日に2度くらいが現実的だという人が多いだろう。カスタマーサービスなど、メールで仕事の依頼を受ける職業の人の場合は、せめて1時間に1度（それぞれ10分程度）にしたいかもしれない。

もっと少なくてなんとかなるなら、その強みを十分に利用して、最小限のチェック回数に抑えよう。

ポイント② 最適な時間帯を決める

前述したように、1日に2度チェックするなら、朝10時と午後4時がいい。まず午前中の半ばに急ぎのメールがないかどうかチェックできて、あとは退社前に処理を済ませるのにちょうどいいからだ。普段の1日のパターンや自分のニーズをよく考えて、何時にチェックすれば最適なのかを決めよう。一度決めたら、その通りに実行だ。

ポイント③ 朝一番にEメールを見てはいけない

Eメールは朝一番にチェックしてはいけない。これは生産性の向上のためには欠かせないポイントだ。

朝一番に手を出すと、1日をメールに支配されることになる。そのままメールの波にどっぷりとつかって出てこられなくなる可能性が高い。

しかし、朝一番にメールをチェックしないという習慣は、なかなか身につけられないという人が多い。みんなメール依存症なのだ。

まずは、自分が**「今メールをチェックしている」ということをしっかり意識する**ことからはじめよう。つまり、メールを見たくなったら、ちょっと待てよと間を置いてみるのだ。

今メールをチェックすることと、ゴールを達成することと、どちらが大切だろう。メールをチェックする代わりに重要なタスクをやり終えること、ワン・ゴールを目指すことに集中しよう。そうすれば、また一歩夢に近づける。

ポイント④ メール・アラートを切る

せっかくメールをチェックする時間を決めても、メールが届くたびに、アラート機能に反応しているようでは、あなたの都合が送信者の都合に負けてしまう。

アラートは切って、決めた時間にだけチェックしよう。これで仕事がはかどる。

ポイント⑤ 習慣化する

1日に2回だけチェックしようと決めるのは簡単だが、それを習慣にするとなると難しい。どうすれば習慣にできるだろう?

The Power of LESS

まずは1、2週間、何がなんでも決めたことを守ろう。ルールを書いて貼っておくといい。「メールチェックは10時と4時！」という具合だ。

時間外にむずむずしても、深呼吸して目の前のタスクに集中しなおそう。がんばれば、ぐっと仕事がかたづくようになる。

入ってくるメールを減らす

打倒Eメール作戦には、**もとを絶つ**ことも欠かせない。私は1日に何百通も受信しているが、ほとんどは受信トレイに入ってこない。スパム・フォルダかごみ箱へ直行だ。受信トレイに入るのは重要なメールだけにしておきたい。

ではさっそく、受信メールを減らす方法を紹介しよう。

ポイント① スパム・フィルタを活用する

お勧めはGmail。あのスパム・フィルタは最強だ。私の受信トレイには迷惑メールは1通も入ってこない。

それまで使っていたYahoo!、Outlookでは、いつもひとつひとつスパム・マークをつけて処理しなければいけなかった。それに比べたら格段の進歩だ。

ポイント② 通知メールはフィルタ処理する

Amazonなどの、愛用しているオンラインサービスからの通知メールもけっこう多い。フィルタ（またはルール）を作成しよう。専用フォルダへ移動して「既読」にする作業までを自動化できる。ごみ箱へ直行でも大丈夫ならその設定でもいい。

私の場合、PayPal（オンラインの支払いサービス）からの通知は「支払い」フォルダへ移動している。必要になったらそこをチェックすれば済む。受信トレイは散らからない。

ポイント③ バッチ処理する

1日を通してぱらぱらと入ってくるメールのなかには、15秒程度でさっと必要な用事を済ませられるものもある。

私の場合、その種のメールはだいたい見当がついているので、フィルタ設定でバッチ・フォルダに移動して、1日に1度だけまとめて処理している。

フォルダの中身を全部処理しても、かかるのは数分程度。受信トレイもきれいなままだ。

ポイント④ チェーンメールははっきりと断る

チェーンメール（ジョーク系のものでもなんでも）を送ってくる友達がいたら、こう返信しよう。

「実は今、山のようなメールを減らそうとしているところなんだ。私を気にかけてくれるのはすごくうれしいけど、そういうメールはできれば送らないでくれるとありがたいな」

傷つく人も中にはいるだろう。でも、すぐに忘れてくれる。

それでも送り続けてくる人もいる。そんなときはフィルタを設定して、その人からのメールを全部ごみ箱へ振り分け、強制削除の対象にしてしまおう。

めったにないことだが、もし重要なメールを送ってきていたら、あとから「返事がないけどどうしたんだ？」と電話でもかかってくるだろう。

私は「きっとスパム・フォルダに入っちゃってたんだな」と言うことにしている。

ポイント⑤ ポリシーをみんなに伝える

メールの数を減らすには、先にみんなに「こういう種類のメールは送らないでほしい」と伝えておくのが手っ取り早い。

知り合い以外でメールをくれる人は、たいがい私のブログでアドレスを見つけている。だからそこにメールに関するポリシーを書いておけば、数を前もって抑えることができる。知り合いにも「よく聞かれる質問はここにまとめてあるから」とその場所を教えるといい。

たとえば「リンク願い」なら、人気のブックマーク・サービスを使って「for zenhabits」とタグをつけておいてくれれば、メールをやりとりする手間が省ける。意見・感想・質問には専用ページを設けているので、そこに投稿してほしい。今、FAQ（よくある質問とそれに対する回答）ページも作っているところだ。

ポリシーを最初に提示しておけば、すべてに答える重荷から解放される。

それでもコメントや質問にはいつも目を通している。ただ、返信するのは時間の許すときだけだ。

私の受信トレイは、このところかなりスッキリしている。あなたがブログを持っていな

The Power of LESS

くても、ポリシーやFAQのページを作ることはできる。全部メールに書いてみんなに送ればいいのだ。もちろん、オンラインで公開してもいいし、同僚にメモをまわすだけだっていい。

受信トレイを空にする

ここまでで、受信トレイに入ってくるメールは重要なものだけになったはずだ。今度は、それをいかに短時間で処理して受信トレイを空っぽにするかだ。

私の場合は通常20分ほどで空っぽになる。この時間は人それぞれで、以下のテクニックに慣れているかどうか、どのくらいの量の重要なメールを受信しているか、どのくらい集中しているかで変わってくるだろう。

いずれにしても以下の方法を使えば、最小限の時間で受信トレイを空にできる。

ステップ① 仮フォルダを作る

今、受信トレイいっぱいにメールが残っている状態なら、「仮フォルダ」を作っていったんそこに全部移しておいて、あとで処理しよう。1度につき30分の作業を繰り返して、最後までかたづける。そのあとは、以降のテクニックで空の状態をキープしよう。

ステップ② 受信トレイをＴｏＤｏリストにしない

メールがいつまでも受信トレイに残るのは、処理のために何か作業が必要な場合が多い。しかしそのままでは、受信トレイがＴｏＤｏリスト代わりになってしまう。

処理が必要なタスクは、別のＴｏＤｏリストに書き込もう。受信トレイにはタスクを残さない。メモには、「○○のメール参照」と書いておく。メールのほうは〝アーカイブ〟（「あとで参照」フォルダに保存）して終わり。これで受信トレイのメールが大量に、しかも短時間でかたづく。

もちろん、タスクそのものはまだ残っている。しかし、少なくともちゃんとＴｏＤｏリストへ移動済みで、もう受信トレイを散らかす原因にはなっていない。

ステップ③ 手早くかたづける

上から順にひとつずつ処理しよう。さっと開いてさっと処理。処理の選択肢は、

・削除

・アーカイブ（あとで参照）
・速やかに返信（そのあとアーカイブまたは削除）
・ToDoリストへ転記（そのあとアーカイブまたは削除）
・速やかにタスクを実行（2分以内でできる場合。終わったらアーカイブまたは削除）
・転送（そのあとアーカイブまたは削除）

どの選択肢も、最後はアーカイブか削除だ。**絶対に受信トレイから出す**。慣れれば何十通ものメールをあっという間にかたづけられるようになる。手際よくどんどん処理していこう。

ステップ④　デリート・キーを気前よく使う

「全部に返事を出さなくては」という気持ちはなかなか消えない。しかし削除した場合、どんな最悪の事態になるだろう？　もし、その答えがそれほど悪くなかったら、削除して次へ進もう。すべてにこたえるなんて無理だ。重要なものだけを選んで返信すればいい。

ステップ⑤　読んだら必ず受信トレイから出す

受信トレイを開いたら最後まで処理する。読んだあと、そのまま受信トレイにためておかず、全部受信トレイから出してしまおう。**ルールはいつも「受信トレイにメールなし！」**だ。これであなたの受信トレイはすっきりと空になる。やった！

書く量を減らす

送信メールの効率も最大限に高めよう。カギは、時間をかけずに、簡潔でパワフルなメールを書くことだ。小説みたいな長ったらしい返事を書いていたら、すべてが水の泡。私は**「1メールは5文」**と決めている。最長でそれだけ。

このルールがあれば簡潔にならざるを得ない。絶対に必要なことだけを書くようになって、返信時間を抑えられる。

7文に限ったほうがうまくいくという人もいるだろう。2、3日試してみて、一番ぴったりくる長さを選ぼう。いったん決めたら、守ること。ポイントは「制限」だ。限りがあれば、短い時間で要となる内容だけを伝えられるようになる。

>>>>>> 減らすテクニック6

シンプル・インターネット

インターネットは、今やたんに情報を集める場所ではない。もう「生活の場」になっているという人も少なくないはずだ。

「仕事で調べものをしていたはずなのに、気がついたら関係ないサイトを見てまわっていてあっという間に数時間経っていた」などということがあっても少しも不思議ではない。

インターネットは、あなたの生産性を吸い込む「ブラックホール」だ。人生まるごと吸い込まれてしまいかねない。

インターネットの使用状況を自覚する

まずは3日間、自分の使用状況を確認してみよう。

Toggl（www.toggl.com/）、yaTimer（www.nbdtech.com/yaTimer/）、Tick（www.tickspot.com/）などを使えば、インターネットの使用状況をモニタすることができて、自分がいつもどんなふうにオンラインで時間を過ごしているのかを具体的につかめる。

このステップを踏めば、自分の行動を「自覚」できるようになるはずだ。オンライン時間の主導権をあなたがしっかりと握るためには、これがカギとなる。

意外な事実に気づくことも多い。Ｅメールやネットサーフィンには、思ったよりずっと時間を使っているものだ。

いつもついだらだらと長居してしまうのに、ゴール達成の足しになっていないサイト、そんなところには制限を設けよう。

目的を持って計画的に使う

今まで無意識にやっていたことに気づいたら、今度は「計画」だ。

気ままに使って、知らないうちに時間を無駄にしていたなんてことのないように、意識的に、目的的に使おう。制限を設けたうえで、目的を持って使うのだ。

The Power of LESS

もう二度とインターネットで遊べないとか、ネットサーフィンができないというわけではない。大切なのは意識して使うこと。仕事のときは仕事。時間があまったら遊べばいい。インターネットの使用計画は人それぞれだ。みんなニーズが違う。ただ、以下の点について は考慮してみてほしい。

質問① インターネットを使う真の目的はなんだろう？

仕事に欠かせないサイトはどれだろうか？　そのサイトは「いつ」「どのくらいの頻度で」使う必要があるだろう？

質問② 個人的に好きなサイトはどこだろう？

遊んだってかまわない。ただ、そういうサイトには時間の制限を設けよう。仕事をがんばったあとのごほうびにするといい。

質問③ 真剣に集中したい時間帯はいつだろう？

逆に、ぼんやりとネットサーフィンしていてもかまわない時間帯は？

できれば、用途ごとにまとまった時間を設定することを勧める。

・インターネットにいっさい触らずに集中して仕事をする時間
・メールやインスタントメッセージで連絡をとり合う時間
・リサーチなど仕事のためにインターネットを使う時間
・好きなサイトで遊んだりネットサーフィンしたりする時間

これでしっかりと意識してインターネットを賢く使うことができるはずだ。仕事もはかどる。

「オフライン」で仕事する

インターネットの接続を切るのは、生産性を上げるためにすこぶる有効な手段だ。実は私も本書を書いている間は接続を切っていた。

いったん慣れれば、日に何時間かインターネットの喧騒から離れるのは気持ちがいい。

実に落ち着く。

インターネットとつながっていると、何分かおきに邪魔な考えが頭をよぎる。

「そうだ、メールに返信しておこう」

「ついでに例の本も検索しようか」

「どうせならあの曲もダウンロードして……」

お気に入りのサイトもチェックしたくなってうずうずしはじめる。インターネットの魔力がいつも目の前にちらついていれば、タスクに集中するのは難しい。

しかし接続を切ってしまえば、邪魔者にわずらわされることもない。目の前にはタスクひとつだけ。それだけに集中できるから、ぐっとはかどる。

[オフラインで仕事をするコツ]

- インターネットでのリサーチは、先にまとめてやる。
- 気が散る原因になるものも、すべてかたづけておく。
- 時間を決めてタイマーをセットしよう。その間は真剣に集中する。
- インターネットが必要な用事を途中で思い出したら、メモだけとってあとでやる。

・「オフライン時間」を毎日持とう。「オフライン日」を決めるのもいい。
・ネット接続を切ってしまおう。簡単につながる状態を断ってしまえる。
・ノートパソコンを持って静かな場所へ移動しよう。
・タスクを達成したら、ごほうびに好きなサイトへ行って楽しもう。

インターネットの接続を切るだけで、びっくりするほど仕事がはかどる。

インターネット依存症を克服する

接続を切って仕事をしようとすると、どうにもつらい。思った以上につらい。「接続を切るなんてとんでもない！」と思うかもしれないが、それが病みつきになっている証拠だ。

しかしほかの依存症と同様に、集中すれば必ず克服できる。

ポイント① 少なくとも1週間は、克服することに集中する

今週1週間、インターネット依存症とさよならすることをゴールに決めて、接続を切っ

て仕事に集中できるようになることを目指そう。

ポイント② インターネット使用のルールを作る

「メールチェックは10時と4時だけ」「午前中はNOインターネット」など、あなたの仕事状況に合わせて最適なルールを考えてみてほしい。決めたら守り抜こう。

ポイント③ うずうずしてきたら、ぐっと抑えてやり過ごす

衝動は波のようなもので、やって来ては去っていく。そのひと波を乗り越えればいい。どんな波も2、3分で去っていく。

ポイント④ まわりからのプレッシャーを利用する

つまり、タスクに集中すると決めた時間にはインターネットにさわらないように、家族や友達や同僚に励ましてもらうのだ。毎日結果を報告することも忘れずに。

ポイント⑤ 自分にごほうびを出す

決めた時間内にインターネットをせずにいられたら、自分にごほうびを出そう。「メールをチェックしてよし！」でもなんでも、やる気が出てくるものならなんだっていい。

ポイント⑥「気分転換」作戦

深呼吸したり、水を飲んだり、マッサージしたり、その辺を歩きまわったりしていれば、その間に衝動は去っていく。

何ごとも慣れるまでには多少の時間がかかる。しかしそこをがんばって続ければ続けるほど、うまくできるようになる。そうなったときの気分は最高だ。

衝動は波のようなもので、
やって来ては去っていく。
そのひと波を
乗り越えればいい。

>>>>>> 減らすテクニック7

シンプル・ファイリング

私もオフィス勤務の経験がある。デスクの上が書類の山だらけの同僚が何人もいた。ある同僚は「これはただ山積みになっているだけじゃない。そういう整理の仕方なんだ」と言い張っていた。

しかし、いざ書類を探す段になると、絶対ここにあるはずだと言っていたものが見つからない。結局、いつも書類探しばかりに時間をとられている。

山積みでもうまく整理している人はいるだろう。しかし、そうできていない人にとっては、書類の山はたんなるストレスの原因でしかない。ポイントは、次の2点に尽きる。

ポイント① 書類整理のシンプルなシステムを作る
ポイント② システムをすぐ習慣にして、ルーチン化する

今、私のデスクはすっきりと整理されている。

実にシンプルで、まるで**禅の世界**。電話とiMacと小さなノート以外には何もない。

なぜなら、私は今挙げた2つのポイントを学んだからだ。ここからは、その内容について具体的に見ていこう。

シンプルなファイル・システムを作る

使いやすいシステムにするカギは、シンプルにすることだ。複雑だとすぐ面倒になってしまって習慣にならない。

ステップ① 整理の前に減らす

整理の第一歩は、整理する前に不必要なものを減らしておくことだ。

デスクの上が書類の山だらけ、引き出しからもあれこれはみ出している……という状態では、整理に果てしない時間がかかる。たとえなんとか整理したところで、もともとの量が多いから結局探しにくい。減らすには、次のような方法がある。

・書類をすべてひとまとめにする　未整理のままいろんな書類がごちゃごちゃになっているフォルダがあったら、中身を出して山の中へ。私はつい最近この方法で自宅の書類を整理して、ファイルの量を3分の1に減らした。かかった時間は約1時間。

・書類の山をチェックする　書類やファイルごとにどう処理するか決めていく。2、3カ月使う可能性が思い浮かばないようなものは捨ててしまおう。処理の基本は「捨てる」だ。私はこれまで書類を捨てて後悔した経験は一度もない。

・人に渡す　だれかに読んでもらったり、アクションを起こしてもらったりしたほうがいいものは人にまわして、デスクの上からなくしてしまおう。

・ファイルする　絶対に重要な書類で、あとでまた必要になることがわかっているものならファイルだ。具体的なファイル方法については、次から説明していこう。

ステップ② シンプルなファイル・システムを採用する

必要なフォルダを作って、五十音順に並べる。これだけで十分だ。

プレーンなマニラフォルダにラベルを貼って、クライアントやプロジェクトごとのフォルダを作ろう。

フォルダ用の引き出しは、一般の会社員やフリーランスなら、ひとつあればいい。ひとつに絞っていると、そこが満杯にならないように余分なものを捨てざるを得ない。

ファイル作業に関しては深く考えすぎないのがいい。ただフォルダを作って、五十音順に整理するだけ。シンプルにいこう。

ステップ③ すぐにファイルする

ファイル・システムをつねに最新の状態に保つカギは、とにかくすぐにファイルすることだ。

書類の整理中には、「アクションを起こす必要はないものの、あとで参照する機会があるかもしれない書類」というのに出くわす。そういうものも、すぐにファイル。

見るだけ見てもとの山に戻す、なんてことはしない。「あとでファイル用」なんてフォルダを作るのも、もってのほかだ。

すぐにファイル用の引き出しを開けて、相応のフォルダを選んでファイルしよう。5秒もあればできる。それで終わりだ。**いつもその場で**かたづけよう。

「とりあえず積んでおく」方式では決してうまくいかない。

なぜうまくいかないか？　ちりも積もれば山となるからだ。

山になると威圧感が出る。するともっと手を出しづらくなって、見て見ぬふりをしてしまう。その間にも山はどんどん高くなって、もうどうにもこうにも手をつけられない。何がどこにあるのかさっぱりだ。

必要になったときに探そうと思っても、大きな山の中から書類一枚だけを見つけ出すのは時間がかかりすぎる。それにデスクの上が乱雑になる。集中力の妨げになるだけだ。

ステップ④ 備品はいつもたっぷりと手元に

マニラフォルダやラベルはいつもたっぷりと用意しておこう。新しくファイルしたい書類があるのに、肝心のフォルダが手元になければ作業があとまわしになってしまう。「あとにしよう」は山積みのもとだ。

備品はすぐそばの引き出しに入れておこう。必要になったら、新しいフォルダを取り出してラベルを貼り、書類をはさんで、五十音順に並べればそれで終わりだ。

ステップ⑤ ファイル作業そのものを減らしていく

この1年ほど、私はファイル作業そのものを意識的に減らすようにしてきた。今ではめったにファイル用の引き出しを使わない。

週に一度は開けて、書類を見ている。しかしファイルの量は以前よりぐっと減った。だから本書でも勧めたい。ゆっくりと、意識的に、ファイル作業の必要性をなくしていこう。コツは以下の通りだ。

・オンラインで情報管理する　何か情報を参照したいとき、私はパソコンのホットキーさえ押せば、該当のサイトやデータがひとまとめになって出てくるようにしてある。AutoHotkeyというソフトを使えば、必要なサイトやデータを開く操作をあれこれ組み合わせて、ホットキーひとつですべて実行できるように設定可能だ。
私の場合は、連絡先、口座情報、ちょっとしたアイデア、ジョギングの記録など、さまざまな情報をオンラインで確認できるようにしているので、その分の書類がいらない。だからファイル作業も必要なくなった。

・入ってくる書類を減らす　ファックスや郵便はやめて、Eメールで送ってもらおう。今の時代、なんでもパソコンで作成している。紙のコピーは時代遅れだ。デジタル化を徹底しよう。雑誌など紙媒体の定期刊行物を止めるようにもしていきたい。

・印刷しない　受信したメールやデータ、自分で作成した書類までプリントアウトしている人はまだ多い。デジタルのデータと紙媒体がだぶっているということは、整理の手間も倍になるということだ。それに、デジタルのほうが必要な書類をずっと探しやすい。

・そのほかに入ってくる書類をふるいにかける　ファイルのたびに、「この書類は本当に必要だろうか？」と考えてみよう。

オンラインに同じ情報がないだろうか？

本当にあなたに送られてくるべき書類だろうか？

スキャンしてデジタルに保存したほうがよくないだろうか？

この書類が必要でなくなる方法はあるだろうか？

家の中の書類整理に応用する

今紹介した5ステップのシンプルなファイル方法は、オフィスと家の両方で使える。ここから先は、個人的な書類を整理する家限定のコツを紹介しよう。

ポイント①「書類コーナー」を1カ所だけ作る

書類や郵便物などの紙媒体はすべてそこで処理しよう。用意するものは書類受け、ごみ箱（『減らす技術』の必須ツール！）、ファイル・スペース（引き出しでも、ファイルケースでもOK）、封筒・切手・小切手帳・ペンなどをまとめて入れておくもの。

ポイント② ひとつの書類受けにまとめる

郵便物などの紙媒体はすべて書類受けへ。すぐに入れよう。必ず1カ所の書類受けにまとめる。郵便物は、すぐに開封して封筒を捨てたり、その場で広告やダイレクトメールを処分したりできればなおいい。とりあえず全部ひとつの書類受けに入れるだけでも大きな進歩だ。

ポイント③ 請求書の支払いはすぐに

請求書用のフォルダをひとつ作っておいて、決まった日に（たとえば月に2回や週に1回）まとめて支払う方法がひとつ。

もうひとつは、書類受けを処理したらすぐに支払う方法。その場で小切手を切って封筒に入れておき、翌朝投函だ。またはオンラインですぐに支払いを済ませる。

以上のどの方法でもいい。これで、心配ごとがひとつ減る。

ポイント④ ToDoリストかカレンダーに書き込む

紙媒体の内容を見て、何かアクションを起こす必要がある場合は、すぐにToDoリストに書き写そう。約束ごとなどの場合はカレンダーへ。

私はGoogleカレンダーを利用していて、子供のサッカーの試合や行事などを記入している。学校の連絡表などは「学校」フォルダへ。あとで必要なときに参照できて便利だ。

ポイント⑤ とにかく、すぐにファイルする

支払いを済ませたり、ToDoリストに書き写したりしたあとは、すぐにファイルしよう（捨てられるものは捨てる）。

決してテーブルの上に出しっぱなしにしたり、「あとで処理用」フォルダを作ったり、書類受けに戻したりしない。すぐにファイルする。マニラフォルダにラベルを貼って請求

元で分類したり、「水道」「ガス」といった具合に分けたりできる。

ファイルが終わったら、五十音順に整理しよう。

個人的に重要な書類などもファイルにして一緒に並べておけば、あとで見つけやすい。

新しいマニラフォルダとラベル（ラベルメーカーを勧める人も多い）はいつも予備を置いておけば、必要なフォルダを即座に作れる。

ファイル整理のカギは、すぐにやること。これで山積みにならない。

以上で終わりだ。どんな紙媒体も必ずひとつの書類受けへ。実にシンプルで効率的。

大切なのは、これを習慣化してルーチンのひとつにしてしまうことだ。書類受けを処理して支払いをする日（または週）は、前もって決めておくといい。

こんなふうにごくシンプルなファイル・システムさえあれば、ごみも心配ごともぐっと減らせる。

>>>>>> 減らすテクニック8

シンプル・コミットメント

今日、あなたの人生に大きな影響力のある変化をひとつだけ起こしたいなら、生産性や効率を上げて、やりたいことをやれるような人生にしたいなら、**「関わり合い《コミットメント》」**を減らそう。

人生、関わり合い《コミットメント》だらけで荷が重い。

まず、職場。

決まった仕事だけでも大変なのに、何かの委員に抜擢されたり、いくつもの会議に呼ばれたり、プロジェクトをかけもちするはめになったり、セミナーに行けと言われたり、クライアントと定期的に打ち合わせしたり、業界の交流会に出たり……。

それに加えて、個人的に地元の活動にも参加しないといけない。家族との約束もある。

趣味や、家の細々とした用事、オンラインのつきあいだってある。サイドビジネスをしている人だっているだろう。スポーツも、エクササイズも、友達とのつきあいも……。

毎日は、関《コミット》わり合《メント》いの嵐で、人生に余白はゼロ。時間とエネルギーを奪われてもうへとへとだ。だれかのリクエストに「イエス」と答えるたびに関《コミット》わり合《メント》いが生まれ、あなたの自由は奪われていく。

しかし、今抱えている関《コミット》わり合《メント》いは、一度に全部引き受けたわけではない。ひとつずつ、ゆっくりと増えてきたのだ。

最初は、どれもほんのちょっとした用事に見えた。ところが、いつのまにか山のように積み重なって、ふと気づいたら人生は覆い尽くされて、今やあなたの人生はあなたのものでなくなってしまっている。

関《コミット》わり合《メント》いをシンプルに削ろう。

ひとつずつ増えたものは、ひとつずつ減らしていけばいい。そうすれば、あなたの人生に大切なことのための時間が戻ってくる。

減らすテクニック 8
シンプル・コミットメント

リストアップする

関わり合い《コミットメント》をコントロールするには、まずその全体像を把握することからはじめよう。それにはリストアップだ。抱えている関わり合い《コミットメント》をすべて書き出そう。

以下は、関わり合い《コミットメント》のほんの一例だ。もっとたくさんあるという人も多いに違いない。

- **仕事** 仕事にはあれこれ関わり合い《コミットメント》がつきものだ。全部リストアップしよう。
- **副業** 副収入のために、フリーで仕事をしていたりする人もいるだろう。
- **家族** 夫、妻、父、母、息子、娘……どんな役割にも関わり合い《コミットメント》は多い。
- **子供** うちの子供たちはサッカーチームに入っている。ほかにもコーラスクラブ、クイズクラブ、全米優等生協会、バスケットボールチーム、スペリング・コンテスト、科学コンテスト、ギターの稽古などなど。子供の関わり合い《コミットメント》は、あなたのものでもある。
- **地域** ボランティアをしたり、役員に選ばれたりすることもあるだろう。
- **趣味** ジョギングやサイクリングでも、プラモデル作りでも、コミック同好会に参加しているのでもなんでも、趣味にだって関わり合い《コミットメント》はつきものだ。

・**家庭**　家族のつきあい以外にも、家でやることは山ほどある。

・**オンライン**　フォーラムやSNSのコミュニティ、メーリングリストなど、オンライン・コミュニティにも約束ごとはつきものだ。

このほかにも、まだいろいろあるだろう。すべてリストアップしよう。正直に全部書けば書くほどいい。

ショート・リストにする

リストアップが済んだら、ひとつずつ見ていきながら次のように自問しよう。


「これは自分の人生に価値を与えてくれるものだろうか?」

「自分にとっていったいどれほど重要なものだろう?」

「自分の人生の価値観や優先事項と合っているだろうか?」

「これをやめたら人生はどう変わるだろう？」
「人生の目標や夢へ一歩でも近づけてくれるものだろうか？」

検討が終わったら、**「ショート・リスト」**を作ろう。これは、あなたにとって一番重要なことを4～5つだけリストアップしたリストだ。

いつも夢中になってやれること、自分にとってこれは重要だと思うことはなんだろう？

ちなみに私のショート・リストはこんな感じだ。

1 妻や子供と時間を過ごす
2 書く
3 走る
4 読む

これで全部。こんなふうにショート・リストができたら、最初の長いリストをもう一度眺めて、ショート・リストに当てはまるものと、当てはまらないものとを見極めよう。もちろん、ショート・リストに当てはまるものが、本質に迫る大切な関わり合い《コミットメント》だ。

私の場合、ブログを書くことは、ショート・リストに挙げた「書く」に当てはまる。だから、私にとっては本質に迫る関わり合い《コミットメント》になる。

大切ではないものを減らす

長いリストに挙げた約束ごとがすべて重要だとは限らない。つまり、そうではないものが混じっているはずだ。絶対に必要ではないものはシンプルに削っていこう。

この**減らす作業**は欠かせない。

自由になる時間ができるかどうか、ストレスを減らせるかどうか、本質に迫る関わり合い《コミットメント》にもっと集中できるかどうかが、減らす作業にかかっている。

大事なプロジェクトのための時間がない？

このところ家族の顔をあまり見ていない？

最近「これぞ生きがい」ということをやった記憶がない？

これからは大丈夫。ショート・リストに照らし合わせ、大切ではないものを減らして、重要なものだけに絞り込もう。そうすれば、あなたの時間が必ずできる。

ポイント① 小さくはじめる

1度に何もかも減らしてしまってはいけない。まずは減らしやすそうなものを見つけて、そこから手をつけていこう。それが最初のターゲットだ。

「あなたがかけた時間や努力に対する見返りが一番少ないものはどれだろう？」
「あなたの価値観や人生のゴールからもっとも遠いものはどれだろう？」

そんなものを減らそう。減らしたら、少なくとも2、3週間はそのままにしておいて、うまくいくかどうか様子を見てみよう。

ポイント② 連絡して謝る

電話かメールで、今はどうしても余裕がなくて約束ごとを果たせない旨を連絡しよう。誠実に謝る。ただし、交渉の余地はないことをはっきりと示そう。

ポイント③ ショート・リストの関わり合い《コミットメント》に時間を使う

せっかく作り出した時間なのに、ただテレビを見て終わってしまったなどということがないように。時間は賢く使おう。

ポイント④ 繰り返す

リストの最後までこの工程を繰り返そう。ただし「1度にひとつずつ」を忘れずに。ゆっくりと、本質に迫ること以外のものがゼロになるまでがんばろう。

時間はかかるかもしれない。代わりの人を見つけたり、そのほかの解決策を探したりしないといけない場合は特にそうだ。しかし途中でやめずに、本質に迫ることだけが残る日を目指そう。

ひとつ減らすたびに、人の期待を裏切るようで罪悪感を覚えるかもしれない。だがその一方で、ものすごく気が楽になるのも事実だ。

これからはあなたの自由になる時間がたくさんできる。人がどれだけがっかりしようと、自分の人生には、自分にとって大切なものを選ぶべきだ。いつも人の求めにばかり応じていたら、あなた自身の時間は決して生まれない。

「ノー」と言う

関わり合い《コミットメント》はひとりでに増えたりしない。あなたがひとつひとつ引き受けてきたその積み重ねだ。だれかに頼まれるたびに「イエス」と言ってきた結果なのだ。

ショート・リストのために、大切ではない関わり合い《コミットメント》を減らして時間作りをしている間は、できるなら新たな関わり合い《コミットメント》を増やさないほうがいい。

ただし、あなたの生きがいにつながる関わり合い《コミットメント》なら話は別だ。それと同じだけの情熱を感じられない関わり合い《コミットメント》を減らして、必要な時間を空ければいい。

しかしたいていの場合、新たな関わり合い《コミットメント》は肩の荷となり、大切な仕事や夢への時間とエネルギーを奪う。

「ノー」と言ってみよう。関わり合い《コミットメント》はいつだってやってくる。家でもオフィスでも、電話でもメールでも、スーパーでばったり知り合いに会ったときでも。

そんなときは「頼みごとをされている」と、しっかりと自覚して、断るようにしよう。

そこが難しいところなんだ、と言う人は多いだろう。

もともと人の頼みを聞かずにいられない性分だったり、ただ「ノー」と言うのが苦手だったり、友達や同僚や愛する人のちょっとした頼みごとを断るだけの理由が見つからなかったり……。

しかし「ノー」という理由ならある。**あなたの時間は、限りある大切なものだ。**それだけで完璧な理由だ。

1時間くらいなら——もしかしたら、みんなそう思っているのかもしれない。

しかし現実には、1日に自由にできる時間はほんの少ししかない。

睡眠、出かける準備、食事、通勤、仕事、家事……それを全部やってあとに残るのは、ほんの限られた時間だけ。

あなたの時間を守ろう。時間は何にも換えがたい宝だ。人生をかけて守ろう。

ステップ① まずは自覚する

何かを頼まれるということは、あなたの時間を要求されていることなのだ。自分の時間は限られているという自覚も必要だ。

ステップ② ショート・リストに照らし合わせてみる

今頼まれていることとは、ショート・リストに挙げた4〜5つの項目に当てはまるだろうか？　当てはまらなければ「本質に迫ること」ではない。

それをあなたの人生に組み込まないようにしよう。

ステップ③ 正直に話す

「これまでずっと詰め込みすぎだったので、減らそうとしているところなんだ。今はどうしてもそれに専念したい」と正直に話そう。たいていはわかってくれる。

少なくとも自分の人生のために間違ったことはしていない、そう自信を持とう。

ステップ④ きっぱりと伝える

「今はできないんだ」ときっぱりと伝えよう。交渉の余地は残さない。そこをはっきりさせておかないと、折れるまでいつまでも頼まれる。

ステップ⑤ できればそうしたいんだけど、と言う

私はいつも正直にこう言う。

「できたら本当にそうしたい。面白そうじゃないか。でも、今はどうしても時間がないんだ」むげに断らず、相手の話を認めた上で、引き受けられないことをきっぱりと告げよう。

ステップ⑥ うしろめたいと思わない

たとえば「このプロジェクトには君が必要なんだ」と言われても、心配はいらない。相手は必ずほかの人を見つけてくれる。

あなたひとりが「ノー」と言ったところで世界が終わるわけじゃない。そこまで人が必要なポジションなら、必ずだれかほかの人で埋まる。

あなたのことを気にかけてくれる人のために役立てなくて、罪悪感にさいなまれるかもしれないが、あなたなしでもやってくれる。

好きなことをする時間を作る

ここからは、個人的に好きなことをする時間を増やしたい場合に焦点を当てて紹介する。どちらも基本的に同じやり方だ。

解決策は実にシンプル。ただ、実行に移すにはちょっとした努力が必要だ。

ステップ① やりたいことリストを作る

まず、あなたが心からやってみたいこと、貴重な時間を使ってでもやりたい「これをやっていると楽しくてしかたがない」ということのリストを作ろう。

できれば4～5つに絞ること。それがショート・リストになる。もっとも大切なことだけのリストだ。

ステップ② 減らす

ショート・リスト以外のものは、できるだけプライベートな人生からそぎ落とそう。

ステップ③ ショート・リストに取り組む

空いた時間には、ショート・リストに当てはまることをしよう。

私が「もっと家族との時間を持とう」と決めたときは、その時間を何よりも優先させた。友達の誘いに「ノー」と言い、それ以外のつきあいも断り、以前からの関わり合い《コミットメント》をキャンセルした。どれも家族との時間に比べたら、優先順位が低かったからだ。

マラソン大会に出ようと決めたときは、朝早く起きてジョギングした。早起きするには早寝が必要で、夜はテレビを見る時間を減らした。

何も問題ない。テレビよりジョギングのほうが大事なのだから。ケーブルテレビも解約した。

この本を書くときは、ほかのプロジェクトを減らした。本のほうが大切だから、そのために時間を作って執筆に当てた。

自分が熱くなれることをするための時間を作るには、それよりも優先順位の低いものを減らす。そうすれば、ショート・リストに専念し、自分が生きたい人生を生きられる。

人生をシンプルにする

プライベートな人生をシンプルにする方法は実にシンプル。以下に挙げる通り、ほんの3ステップだ。ここからは、それをうまくやるコツを紹介していこう。

まずは週末に試してみて、人生をどんなふうにシンプルに変えていけるか考えてみてほしい。実際にスケジュールを変えるのは、そのあと少しずつやっていけばいい。

ポイント① 何が大切か見極める

心からやりたいことはなんだろう?
何をして時間を過ごしたいだろう?
仕事で達成したいことはなんだろう?
「これをしているときは時間を忘れる」というものを4~5つリストアップしよう。

ポイント② 関わり合い《コミットメント》を見なおす

何もかも果たすなんてできやしない。無理をすれば人生を楽しめない。何もかもやるなんて無理だということを認めよう。自分にとって重要なことがしたいんだと自覚しよう。その上で、重要ではない関わり合い《コミットメント》を削っていこう。

ポイント③ することを減らす

1日にたくさんやろうと欲張りすぎてはいけない。これまでいつも7～10のことをやろうとして、うまくいかなかったのなら、重要な3つのことだけに絞ろう。もし早く終われば、小さな用事をあと3つだけかたづける。これなら余裕ができて、あわてることもない。

ポイント④ タスクやアポの間には空白時間を作っておく

「余白」の時間を設けておかないのもミスのもとだ。予定よりも時間がかかったときに（なぜかいつも必ずそうなる）、対処できなくなってしまう。きちきちにスケジュールを組んでいると、一日中あせりっぱなしだ。

タスクとタスクの間にしっかりと余白時間を設けておこう。あせらずに目の前のタスクに集中できるし、次のタスクの前に気分転換もできる。

ポイント⑤ ＴｏＤｏリストの項目を減らす

ＴｏＤｏリストの項目をすべてやるなんて無理な話だ。もしできたとしても、すぐにまたほかにやることができる。ＴｏＤｏリストはできるだけシンプルにして、本質に迫ることだけに絞り込もう。バタバタせずに、重要なことだけにしっかりと集中できる。

ポイント⑥ スピードを落として、各タスクを楽しむ

本章でもっとも重要なコツだ。繰り返し読んでほしい。

何をするにもスピードを落とそう。シャワーを浴びるときでも、歯を磨くときでも、料理をするときでも、車で仕事に向かうときでも、どんなときでもだ。今やっていることを楽しもう。

ポイント⑦ ほかのことを考えながらやるのはやめよう

これは簡単なことではない。すぐに今やっているタスクを楽しむことを忘れて、ほかのことを考えてしまいがちになる。だが関心さえ持てば、楽しめないものなんて何もない。

ポイント⑧ シングルタスクにする

この言葉は私のマントラになっている。1度にひとつずつ、しっかりとやろう。

ポイント⑨ ストレスを減らす

ストレスを感じる原因を探して、減らす方法を考えよう。

ポイント⑩ ひとりの時間を作る

ときには、ただ自分だけの時間を持つことも大切だ。

ポイント⑪ 何もしない時間を作る

たまにはすべて忘れて何もしないのもいい。怠けることも恐れずに。

ポイント⑫ シンプルなよろこびを1日にちりばめる

あなたの心にちょっとしたよろこびをもたらしてくれるものはなんだろう？　そんなものを2つ3つ、毎日の暮らしにちりばめよう。人生を楽しむには、小さなステップからだ。

ポイント⑬ 今を生きる

今を感じる練習は、いつ、どこでもできる。過去でも未来でもなく、今やっていることにしっかりと集中しよう。

ポイント⑭ 自由な時間を作る

毎日をシンプルに生きれば、やりたいことをやる時間が持てる。しかし現実には、考える時間そのものがないことが多い。もしそうなら、ほんの30分をひねり出してほしい。早起きしたり、テレビを見る時間を減らしたりしてみてはどうだろう？デスクで昼食をとったり、インターネットの接続を切ったり、Eメールのチェックを1日1回だけにしたり、携帯電話を切ったり、方法はさまざまにあるはずだ。

あなたがかけた
時間や努力に対する
見返りが
一番少ないものは
どれだろう?

減らすテクニック 9
シンプル・ルーチン

>>>>>> 減らすテクニック9

シンプル・ルーチン

私はここ2、3年で「シンプル・ルーチン」の底力に気づいた。朝と夜は特に力を発揮してくれる。エネルギーをスーパーチャージしてくれるのと同時に、心をすっと落ち着けておだやかさを取り戻してもくれる。

朝と夜は1日のカギ。大切にしてほしい。人生を変える強い追い風になるはずだ。

「朝ルーチン」の力

「朝ルーチン」をこなすようになってから、私の毎日は実に気持ちよくなった。毎朝4時に起きて、ひとりの静けさを楽しんでいる。それだけで1日が全然違う。

いつもまずコーヒーを1杯いれて座ると、朝の静寂を味わう。そしてジョギング。まだ

The
Power
of
LESS

家族が起きてくる前のしんとした時間に執筆する。そのあと読書だ。いい本は心の友。心を落ち着かせる朝ルーチンはあらゆる人に勧めたい。2、3週間かけて習慣にしよう。毎日集中してやっていれば、すぐにそうしないではいられなくなる。

理想的な朝ルーチンが習慣になれば——

・1日に備えて、ゴールを設定できる。
・普段は時間がなくてできないエクササイズ、読書、執筆などができる。
・自分の好きなことができて、心と体がリラックスする。

この3つだけでも、あなたの人生を変える強力なツールになる。

「朝ルーチン」を選ぶ

朝ルーチンには、次の中から4〜6つを選んでみよう。とりあえず2、3日試してみて、必要なら修正を加えていこう。最初は、思い描いた通りにいかなかったり、予想以上に時間がかかったりすることもある。でも大丈夫。修正すればそれでいい。
では、さっそく例を挙げていこう。

- コーヒーや紅茶を飲む
- 日の出を眺める
- エクササイズする
- シャワーを浴びる
- お風呂に入る
- 本を読む
- 朝食をとる
- ヨガをする
- 瞑想する
- 自然の中を散歩する
- 昼食の準備をする
- 文章を書く

- **日記をつける**
- **今日のもっとも重要なタスク《Most Important Task》（MIT）を3つ決める**
- **人生のゴールを再確認する**
- **感謝する（ありがたいと思うものすべてに「ありがとう」と言う）**

メールチェックなどの仕事関連のアクションはいっさい入っていないのに気づいただろうか。

仕事にとりかかるのは、朝ルーチンが終わってからのほうがいい。そうでないとメールチェックや仕事に巻き込まれて、それ以外の時間がなくなってしまう。

「夜ルーチン」で明日へのスーパーチャージ

朝の静けさもいいが、夜もまたすばらしい。「夜ルーチン」でもう一度リラックスして、しっかりと明日に備えよう。それで翌朝がぐっと違ってくる。

夜ルーチンは10〜30分くらいのちょっとしたものから、数時間程度のものまで、あなたのゴールしだいで変わってくる。では、以下にそんなゴールの例を挙げてみよう。

・明日に備える
・長い1日の緊張をほぐす
・1日を振り返る
・家の中をかたづける
・ベッドに入る前にゆっくりとリラックスする
・愛する人と大切な時間を過ごす
・記録、または日記をつける、文章を書く、エクササイズするなど

「夜ルーチン」の基本例

夜ルーチンには、次の中から4〜6つを選んでみよう。夜ルーチンもシンプルに。とりあえず2、3日試してみて、必要なら修正を加えていこう。

・夕食を作る
・シャワーを浴びる、またはお風呂に入る
・歯を磨く
・日記をつける
・文章を書く
・本を読む
・エクササイズする
・明日の服、または明日の朝食を準備する
・瞑想する
・記録する
・1日を振り返る
・フェイシャル・トリートメントをする
・子供に絵本を読む
・整理整頓する
・愛する人と話をする

ここにも、メールチェックなど仕事関連のものはいっさい入っていない。夜もゆったりとリラックスして、明日に備えよう。

習慣化のコツ

ルーチンは簡単に身につけやすそうだが、三日坊主になるのも同じくらい簡単だ。できるだけしっかりと習慣化したい。以下に、肝心なコツを挙げてみよう。

ポイント① シンプル・ルーチンに集中する

まずは1カ月間、シンプル・ルーチンを習慣化することを優先順位のトップにする。ほかに習慣にしたいことがあっても今は忘れよう。

ポイント② ごほうびだと考える

朝晩のルーチンでリラックスできたら、それだけで立派な自分へのごほうびだ。

朝ルーチンには、何か楽しんでやれることを入れておくといい。1日が気持ちよくスタートして、バタバタとあわてずに仕事ができる。

夜は静かに明日に備えよう。1日を振り返って、落ち着いた時間を過ごそう。充足感のあるルーチンなら「またやりたい」と楽しくなるはずだ。

ポイント③ 記録する

毎晩フォーラムなどで習慣化の進み具合を報告すると、いい記録になる。

もちろん日記に書いても、カレンダーに大きく×印をつけるだけでも、どんな方法でもいい。

大切なのは経過が目に見えること。1カ月間、自分がどれだけがんばってきたかを実感できる。

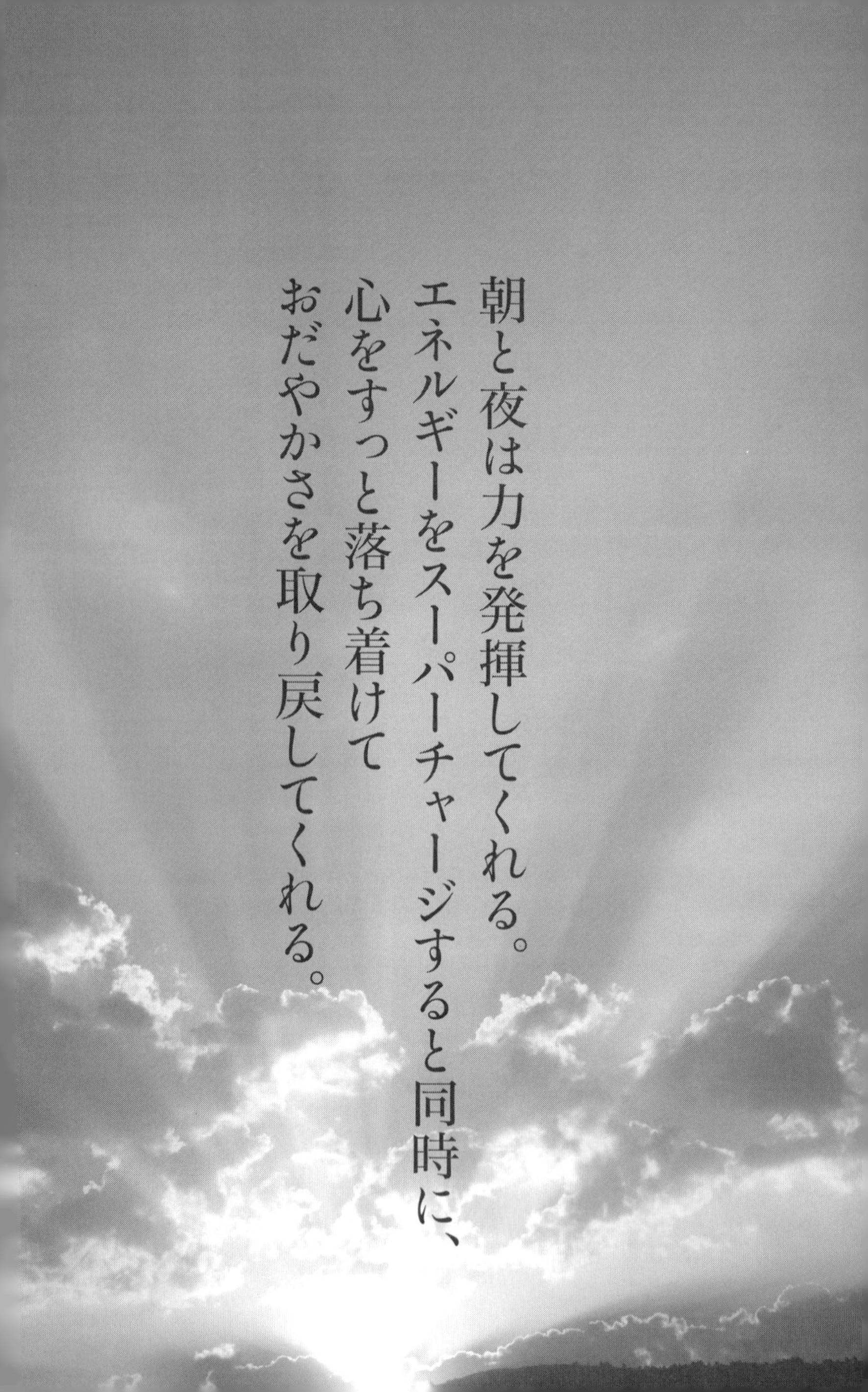

朝と夜は力を発揮してくれる。
エネルギーをスーパーチャージすると同時に、
心をすっと落ち着けて
おだやかさを取り戻してくれる。

>>>>>> 減らすテクニック10

シンプル・デスク

デスクの上には紙以外のいろんなものが散らかっていることも多い。ちょっとした飾りや、ポストイット、写真、どこかの記念品、ホッチキスなどの備品類。

本章では、まずそんなあなたのデスクまわりをきれいにかたづけるコツを見ていこう。職場以外のスペースも同じテクニックで、すっきりできる。

すっきりとしたデスクの効用

すっきりとかたづいたデスクのどこがそんなにすばらしいのか？　私の経験では、きれいなデスクには極めて重要なメリットが2つある。

メリット① 集中できる

散らかったデスクでは、あれこれ視界に飛び込んできて、そのたびに集中が途切れる。しかし、すっきりとかたづいたデスクなら、今やるべきことだけに一点集中できる。

メリット② 禅の世界の静けさが訪れる

ほとんど何も置いていない私のデスクは、実に心を落ち着かせてくれる。リラックスと集中こそが、本書の2つのカギだ。デスクをかたづけてそれが可能になるのなら、やってみる価値は十分にあるはずだ。きれいなデスクでは仕事がしにくいなら、いつでも元のスタイルに戻っていい。

最初の一歩を踏み出すには

かたづけに関しては、最初の一歩がなかなか踏み出せなくて……という人が案外多い。「引き出しの中はブラックホール状態」なんてことになっていると、なおさらだ。

しかし、実はいったんはじめてみると、敵はそれほど手ごわくない。途中から楽しくなってくることさえある（私はそうだった）。勇気がいるのは最初の一歩だけ。

ステップ① かたづけるための時間を少しとっておく

1時間ほどあれば、第一歩として申し分ない。30分だって立派だ。今日のスケジュールに入れよう。決して先延ばしにしないように。

ステップ② 書類をどける

デスクの上の書類を全部どけて、ひとまとめにする。処理方法は、このあとに。

ステップ③ デスクの上に残っているものをすべてどける

例外はパソコン、電話、書類受け、絶対に必要な備品。それ以外はすべて書類の山の隣にまとめておこう。

ステップ④　まずは書類から

書類の山を上から順に処理していこう。必ず1枚1枚見る。見るだけ見てもとの山に戻したりしない。必ず必要な処理を済ませてから、次の書類へ。処理の選択肢は、

- **捨てる**
- **人にまわす**
- **ファイルする**
- **ＴｏＤｏリストにメモしておいてあとでやる**

優先順位もこの通りだ。捨てられないものはファイルする。ファイルする書類でアクションが必要なものは、ＴｏＤｏリストにメモしてあとでやろう。

ステップ⑤　時間いっぱいまでかたづける

今日の分が終わったら、また別の時間をスケジュールに組んで、少しずつ残りをかたづ

けよう。もし一気に全部かたづけられそうな日があれば、その日にまとめてやってもいい。

本質に迫ることだけに絞る

デスクまわりの書類やものを整理するときは、こう自問しよう。


「本質に迫るために必要なものはどれだろう？」

「仕事のために本当に必要なものはどれだろう？」

「頻繁に使うものはどれだろう？」

「デスクの上や引き出しを無駄に占有しているものはどれだろう？」


まずはデスクの上から手をつけていきたい。理想を言えば、今この瞬間にやらなければいけないタスクだけが目の前にあって、あとでやるものは見えない状態がいい。

私のように、あとでやることはメモしておいて今は忘れておきたいタイプなら、ペンとノートも。

それ以外は、目の前のタスクのために必要な書類だけ。タスクが終わったら、すべて引き出しのフォルダへ戻す。

ポイント① デスクの上やまわりにある書類をかたづける

「最初の一歩」で紹介した通りにかたづける。ファイルして（必要なものはＴｏＤｏリストにメモして）、目の前から消してしまおう。

ポイント② 棚や引き出しのものをすべて出す

1度にひとつの引き出しだけに集中して、中のものをひとつ残らず出してしまおう。まずは引き出しそのものを掃除し、必要なものだけを戻そう。

ポイント③ ひとつひとつチェックして、その場でふるいにかける

ゴミ袋かダンボール箱を用意してひとつずつ処理を決めていく。選択肢は「捨てる」「あげる」「とっておく」のいずれかだ。

見るだけ見てとりあえず引き出しに戻す、なんてことはしない。「またあとで」の繰り返しになって、ガラクタの山と永遠におさらばできなくなる。

ポイント④ 紙媒体は容赦なく処分

雑誌、カタログ、ダイレクトメール、ちょっとした覚え書き、人からまわってきたメモなどは、全部捨ててしまおう。

例外は、税金関連の書類や、保証書、保険証書、遺書などのいわゆる重要書類。ほかはみんな処分しよう。

ポイント⑤ 判断に迷うものは「たぶん重要」ボックスへ

あとで必要になるようで捨てられないものは、ひとつの箱にまとめて、蓋をして、ラベルを貼って物置きへ。

とにかく見えないところに置いておこう。ふたたび箱を開けることは十中八九ない。半年か1年の間手をつけることがなかったら、捨てるか人にあげるかしてしまおう。

終わったらお祝いだ!

どんな小さなことでも、何かを達成したら必ず祝おう。たったひとつだけ引き出しをかたづけたあとだっていい。よくやった！　おいしいものでも食べようじゃないか。きれいになった引き出しを開けて、そのシンプルさにうっとりするのもいい。深呼吸して、ああいいことをしたと思おう。どっぷりと幸せにひたってほしい。

「すっきり」を保つコツ

自分だけの集中ゾーンができあがったら、今度はその状態を保つことがカギとなる。せっかくすっきりしたのに、また散らかり放題では残念だ（だいたい2日後にはそうなる）。たった3つの新しい習慣で、「すっきり」を保てる。さっそく説明していこう。

習慣① 紙は書類受けに置く

それ以外のところには置かない。書類もメモも電話の伝言メッセージも、すべてひとつの書類受けへ。

習慣② 1日に1度、書類受けを空にする

「捨てる」「人にまわす」「ファイルする」「ToDoリストにメモしておいてあとでやる」の4つの中から処理を選ぼう。必ず最後までやって空にすること。

習慣③ 置き場所を決める

デスクの上でも引き出しの中でも、「と、り、あ、え、ず、ここに置いておけばいいか」というのはやめる。使い終わったらすぐにもとの場所へ戻そう。

以上の3つの習慣に一週間集中すれば、あなたのデスクはそのあと何カ月もすっきりした状態を保てるはずだ。

習慣を身につけるには時間がかかる。魔が差すことだってある。そんなときは自分に言い聞かせて、続けよう。

そのうち習慣になって、守らないと気持ち悪くなるだろう。一度すっきりしたデスクで仕事をすれば、昔の状態には戻りたくなくなる。私が保証しよう。

デスクだけに限らず、きれいにかたづいたシンプルな家も実に心が落ち着く。朝目覚めて居間に入っていったときに、そこがすっきりと整理されていると気持ちがいい。必要最低限のものだけが置いてあって、何ひとつ散らかっていない部屋。落ち着いた1日は、そんな場所から始まる。

私はもうここ何年も「シンプル派」で「すっきり派」だ。

シンプルですっきりとかたづいた何も散らかっていない家は、心の状態にも、生産性にも、ひいては幸せにも、実にいい影響を与えてくれる。

家の中もシンプルに

デスクまわりをかたづけたテクニックで、家の中もきれいになる。シンプルですっきりとした家のメリットは以下の3つだ。

メリット① ストレスを減らせる

散らかっていると、いろんなものが視界に入って集中力を奪われる。つまり、家の中がシンプルで、ものが少なければ少ないほど、ストレスの原因も減るというわけだ。

メリット② 美しい

乱雑な部屋とシンプルな部屋、それぞれ思い浮かべてみてほしい。美しいと感じるのは、どちらだろうか。あなたの家もすっきりすれば、もっと魅力的になる。

メリット③ かたづけやすい

何もないがらんとした部屋を掃除するのと、大量にものが散らかっている部屋を掃除するのなら、何もない部屋のほうが楽に決まっている。

私は、空っぽの部屋を勧めているわけではない。ただ、両者の違いはしっかりとイメージしてもらえたはずだ。

家の中をかたづけるには、デスクのときと同じテクニックが使える。1度に1部屋、しかもその中の引き出しひとつに集中しよう。

まず引き出しの中身を全部空けたら、ふるい分けだ。大胆に「本質に迫ること」だけを残そう。ほかは処分。残すと決めたものに関しては、置き場所をきちんと決める。

毎日少しずつ時間をとってやろう。10～20分でもいい。小さなエリアをひとつひとつかたづけていこう。あるいは週末にまとめて時間をとって、家中を順番にかたづけていくという方法もいい。

シンプル・ホームを維持するコツ

今まであちこちに紙の山があったり、本や服が散らかっていたりするのには理由がある。もとの場所に戻しておかないから、そして、いらないものを処分しないからだ。

完璧を目指す必要はないが、これまでどうして散らかっていたのかその理由を一度よく考えてみるのは大切だ。散らかるのを止める方法を見つけやすくなる。

では、散らかった状態に戻らないようにするテクニックをいくつか挙げてみよう。

ポイント① どんなものにも置き場所を決める

ついテーブルの上に出しっぱなしにするのは、それ専用の場所が決まっていないからだ。

今すぐ決めよう。決まらないようなものは、そもそも必要がないのかもしれない。そのまま放っておくと、ずっと家中を散らかし続ける。

一方、専用の場所は決まっているのに、もとに戻すのがどうも苦手で……という場合もある。そんなときは1カ月ほどかけて、使ったものをすぐもとに戻す習慣をつけよう。それだけで家の中ががらりと変わる。

ポイント② 定期的にスケジュールを組んでかたづけよう

どんな「かたづけの達人」だってこれが必要だ。かたづけの直後はいつも最高の状態。しかしいずれメンテナンスが必要になる。月に一度に決めて、カレンダーに記入しよう。

ポイント③ 自分の物欲を見なおす

手に負えないスピードで家の中が散らかっていくようなら、あなたの購買習慣を見なおす必要がある。それは本当に必要だから買ったものだろうか？　それとも、ただ買ってみたかっただけだろうか？

物欲と向き合うのはとても大切なことだ。かたづける手間も減らしていける。

ポイント④ 買いたいものは30日リストに書く

これは欲望をコントロールするのに有効な手段だ。何か買いたいと思ったときは、まずリストに書こう。その日の日付けも忘れずに。そして、リストの日付けから30日経過するまでは絶対に買わない。その頃になれば、欲望は消えてしまっている可能性が高い。買い物の衝動をコントロールするには、非常に有効な方法だ。

ポイント⑤ 習慣を変える

ものは勝手に生まれてこない。だれかが置いたからそこにある。あなたには、そんなふうに部屋を散らかす原因になる習慣はないだろうか？

習慣はひとつだけとは限らない。よくあるパターンは、すでに書いてきた。やたらと買いすぎる、専用の場所を決めていない、決めていてももとに戻さない、処分しない……。ほかにもまだあるだろう。そんな習慣は、ひとつずつ変えていこう。1カ月ほど自分のクセに注意して、いらないものを減らす習慣を新たに身につけていけるかどうかじっくりと考えてみよう。

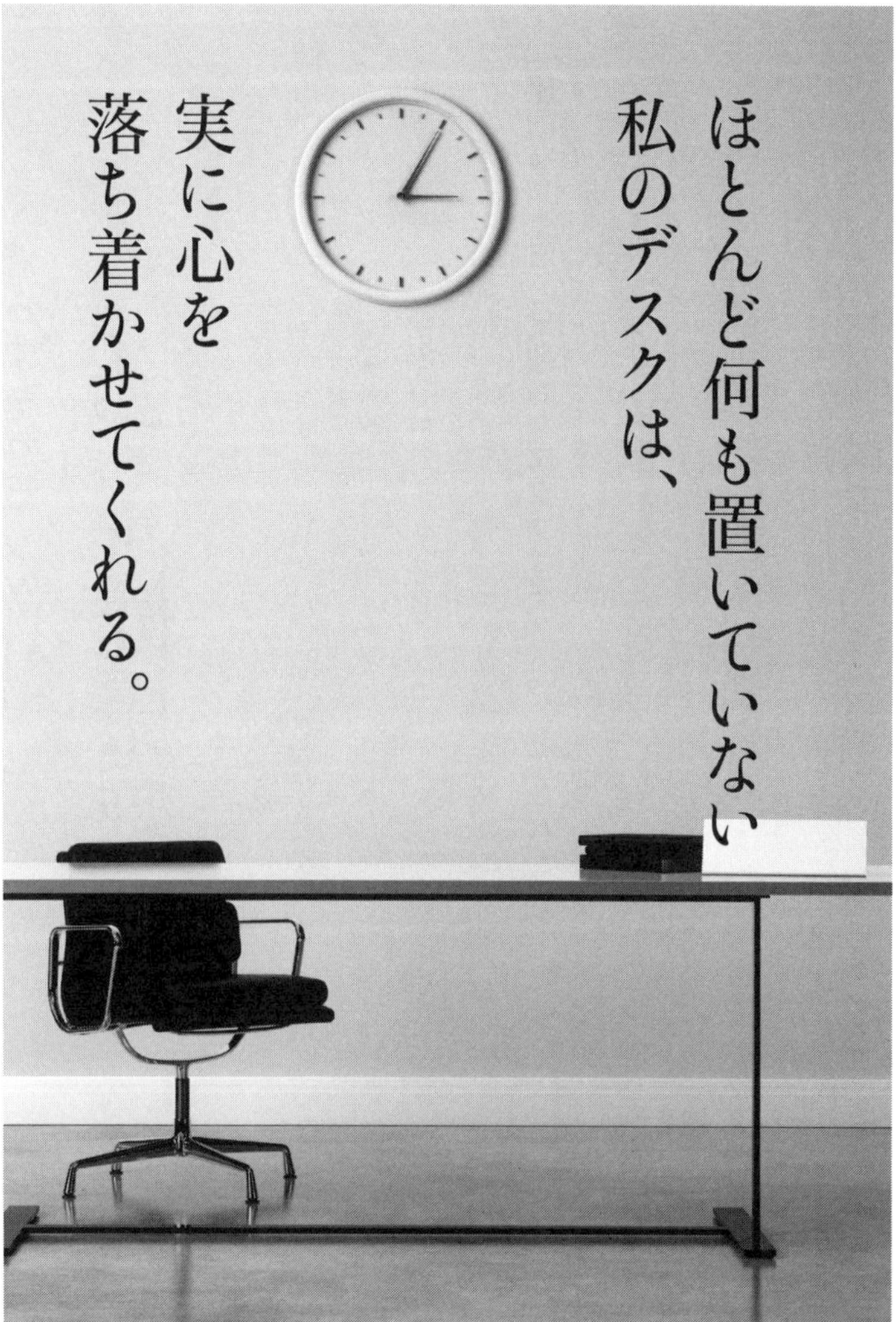
ほとんど何も置いていない
私のデスクは、
実に心を
落ち着かせてくれる。

減らすテクニック 11
シンプル健康管理

>>>>>> 減らすテクニック11

シンプル健康管理

健康な体作りのメリットは数々あるが、その中でも大きいのは、元気になって生産性が高まることだろう。いいエクササイズのあとは1日がエネルギッシュに始まる。がんばった満足感で気持ちにも余裕ができる。

すっきりとした体形や健康を維持する方法は、極めてシンプルだ。**健康的な食生活と定期的なエクササイズ**、たったこれだけ。

だれでも知っていることだ。ところが、いざ実際にやろうとすると、なかなか続かない。

健康管理はなぜ難しいのか

まずはちょっと考えてみよう。健康的な食事習慣に変えるのは、どうしてそんなに難しいのか？　なぜみんな最初の1、2週間で脱落してしまうのか？　この理由がはっきりすれば、シンプルな解決方法を思いつけるはずだ。

では、よくある問題点を挙げてみよう。


〈食事習慣を変えるのが難しい理由〉
・決まりごとが多すぎて、長い間守り続けるのが難しい。
・おなかがすきすぎて、結局バカ食いしてしまう。
・炭酸飲料、高脂肪のドレッシングなどの「隠れカロリー」をとりすぎている。
・ジャンクフードやファーストフードの誘惑。忙しいときはつい手が出てしまう。
・パーティや友達との外出などのつきあい。外食はヘルシーな食事の邪魔になりやすい。

たったこの5つだけでも、ヘルシーな食事計画は水の泡になる。よほど用心して対策を考えていない限り、毎日を耐え抜いて1カ月、2カ月と続けていくのは難しい。

エクササイズも同様だ。さまざまな問題を乗り越えるためのプランが必要になる。では、エクササイズについても、まずよくある問題を挙げてみよう。

〈エクササイズが続かない理由〉

・最初からハードなプログラムに挑戦し、燃え尽きてしまったり、ケガをしたりする。

・最初の1、2週間で結果が目に見えないので、モチベーションをなくしてしまう。

・2、3日中断すると、エクササイズの習慣に戻れなくなってしまう。

では、以上の問題を参考にしながら、健康管理プランを立ててみよう。

シンプル健康管理プラン

計画は実行しやすいものがいい。何年も続けられるものにすることは、さらに大切だ。短期間で劇的な効果をもたらすのは、理想的なプランではない。厳しすぎて長続きしないし、劇的に減った体重は、もとに戻るのも劇的に速い。

真の健康や引き締まった体を手に入れるには、時間がかかる。しかし、**ゆっくりと少しずつ起こした小さな変化には持続力がある。**一生涯、維持することだってできる。だからこそ、ゆっくりとはじめよう。理想的だが厳しいプランよりはるかに長続きする。

食事管理の目的は80パーセントが減量だという見方がある。食事さえきちんとしていれば、エクササイズなんてしなくたって体重を落とすことは可能だ。

しかし食事に問題があれば、いくらエクササイズをしてもなかなか痩せない。「シンプル健康管理プラン」では、そこをしっかりと考えた。基本方針は次の2つだ。

1　ただ痩せたいのではなくて、健康的に引き締まった体になりたい。そのためには食事管理とエクササイズの両方が必要だ。

2　エクササイズをはじめれば、食事管理もついてくる。いったんエクササイズをはじめると、きちんと食べようと思わずにはいられないものだ。

ステップ1　エクササイズを習慣にする

最初の1カ月は、エクササイズを習慣にすることに専念する。この時点では食事管理は気にしない。朝、顔を洗うのと同じくらい当たり前の習慣にしたい。

ステップ2　食事管理に少しずつ取り組む

2カ月めに入ったら、エクササイズを続けながら、食事をゆっくりと少しずつ健康的に変えていくことに集中する。

ステップ3　じわじわとレベルを上げながら継続する

毎月「短期ゴール」を決めて、エクササイズと食事管理のレベルをじわじわと上げていく。毎月進歩を続ける自分にごほうびをあげよう。まわりへの報告も忘れずに。

ステップ1　エクササイズを習慣にする

恐れることはない。どんなときにも大切なのは、少しずつ変化させながら継続して行うことだ。スペインにはこんなことわざがある。

「習慣はクモの糸から始まって、しだいに太い綱になる」。

私たちも細い糸からはじめて、ゆっくりと少しずつ太い綱にしていこう。

もちろん、心臓や肺などに持病がある人、そのほか健康に問題のある人、妊娠中の人などは、まず医師に相談してからはじめてほしい。

ポイント① 簡単なことからはじめる

レベルはあとで少しずつ上げていけばいい。最初は抑えておくのが、カギだ。

第1週は、5〜10分程度の有酸素運動だけ。速歩、ジョギング、サイクリング、水泳などをやる。あくまで5〜10分まで。それ以上はやらない。

おそらく「もう少しやりたい」という気になるだろう。それでもやってはいけない。2週めに入ったら、5分増やす。最初の1カ月はこの調子。つまり、月の終わりには1回あたりのエクササイズの時間が20〜25分になっているはずだ。

それでも「少なすぎる」と思うかもしれないが、心配はいらない。いったん習慣にさえなれば、いつだって増やせる。まずは習慣化することに集中しよう。

ポイント② エクササイズをスケジュールに組み込む

ここは肝心だ。邪魔されずにエクササイズできる時間を見つけよう。朝が一番いいという人が多いのではないだろうか？　夜にすると、つきあいやそのほかの約束ごとでキャンセルせざるを得ないということになりやすい。

仕事が終わったあとすぐがいい、という人もいるかもしれない。ランチタイムでもかまわない。あなたにとって一番いい時間帯を見つけて、エクササイズ用に空けておこう。

第1週は、7日間に3回だけ。1回のエクササイズには、時間の余裕を持たせて30分とっておこう。第2週と第3週は4回、第4週は5回にする。そこからあとは週に5回のペースを守ろう。体形維持にはそれがベストだ。

エクササイズの予定は「その日一番大事なアポ」だと考えよう。それがカギとなる。何にも邪魔させてはいけない。

ポイント③「1回くらいさぼっても」は禁物

ケガや病気なら話は別だが、スケジュールは守ろう。最初はものすごく軽いエクササイズに絞ったのだから、それをやっても疲れすぎるということはないはずだ。

長い仕事のあとでだるくても、とにかくはじめてみよう。必ずやってよかったと思える。

さぼり癖がついたら、「やらないこと」が習慣になってしまう。それでは目指していることととまったく逆だ。

何かを習慣にしたいときは、継続が命。毎日歯を磨くのと同じようなものだ。健康のためにやろう。続けよう。とにかくやろう！

ポイント④ あきらめない

予定通りエクササイズができなかった場合、そのあとまたがんばる勇気が大切だ。なんらかの理由で1回か2回飛ばしても、プランに戻ろう。

もし何日も欠かしてしまったら、プランを1、2週間巻き戻して、そこからやり直せばいい。失敗なんて気にしない。大事なのは、そのあと。そこから長続きさせればいい。

ポイント⑤ できればだれかと一緒に

これは必須ではないが、信頼できるパートナーがいれば何かとやりやすい。まず、エクササイズ中の話し相手になってくれる。そうすれば時間もずっと短く感じるだろう。

それに自分だけのときと違って、スケジュールを守らなければという気持ちが強くなる。

ポイント⑥ まわりに報告する

これは実にいいモチベーションになって、習慣化を助けてくれる。いろんな人に報告しよう。友達にでも、ブログを通して世界中にでも。エクササイズや食事の記録を公表しよう。暗闇に光を照らそう。その光がモチベーションになる。

ポイント⑦ 楽しもう

体が引き締まって健康に変わっていくのを楽しもう！
脂肪を燃やすのを楽しもう！
汗をかくのを楽しもう！
ストレスも焼やし尽くして、リラックスしよう！
エクササイズは拷問なんかじゃない。楽しもう！

ステップ2 食事管理に少しずつ取り組む

1カ月経ってエクササイズが習慣になったら、今度は食事の管理に「集中」だ。すでに健康的な食事をしている人は、必要に応じて以下のプランを少しずつ調整しながら、さらなる効果を上げてほしい。

劇的に変えるのはよくない。「ゆっくりと少しずつ」が習慣につながる。

第1週め 小腹がすいたら食べる

「バカ食い」を避けること。そのためにはいつも自分の食欲をしっかりと自覚して、3、4時間ごとを目安に、小腹がすいたら食べよう。ずっと車に乗っていなければならないときは、軽食を用意しておくなど工夫する。

1週めが終わるまで、次のステップのことは気にしなくていい。

第2週め メニューを少しずつ変える

まずは、自然食品を使ったヘルシー・メニューをリストアップしよう。あなたの好物で、かつヘルシーなものを選ぼう。できあがったリストが、あなたの食事プランとなる。数日分のメニューにはなっているはずだ。

ただし、一夜にして全部を変えるわけでない。まず第2週は、これまでより野菜やフルーツの量を増やしてみる。あるいは炭酸飲料などのジュース類を減らしてみる。次の週に入ったら、ヘルシーな食材を自分で調理してみるなど、少しずつ変化させていく。目標は、ジャンクフードやファーストフードの量をゆっくりと最小限にまで減らしていって、次のような食材をメインにしていくことだ。

・野菜
・フルーツ
・精製していないもの（全粒粉のパン、玄米など）
・豆、ナッツ
・低脂肪の乳製品または豆乳製品
・低脂肪のたんぱく質（脂の少ない牛肉、鶏肉、魚。豆腐などの植物性たんぱく質）

「食べたい」「食べていて楽しい」と思えるものを見つけよう。そうでなければ、つらいだけ。これは大事なポイントだ。

第3週め　ゆっくり食べる

しっかりと味わおう。ペースを落とせば食べすぎを防げるし、食べものそのものをもっと楽しめる。3週めに入ってからは、ここまでのステップを続けつつ、この点に注意しよう。

第4週め　軽くおなかがふくれたところで止める

必ず満腹になる手前で止めよう。そこから10分待って、まだ本当におなかがすいているかどうか確認してみるといい。これが第4週めからのカギとなる。ここまでのステップを続けることも忘れずに。

苦しい食事制限も、食べてはいけないものもない。つらいことはひとつも入っていない。このプランは、ヘルシーな食事をとにかく習慣にするためのものだ。体が軽くなった感じをキープできる。「変化は1度にひとつずつ」を忘れずに！

ステップ3 じわじわとレベルを上げながら継続する

エクササイズとヘルシーな食事の習慣が身についたのだから、長続きさせて、ゆっくりとレベルを上げていきたい。しかし、そう思いはじめたあたりで危機が訪れる。目に見えて大きな効果が表れないと、人はモチベーションを失ってしまうのだ。

そこで次のテクニックを試してみてほしい。モチベーションを維持して、長期的な安定した結果を手に入れよう。

ポイント① さまざまなエクササイズに挑戦する

エクササイズが習慣になったら、1回あたり30〜40分くらいに時間を増やすのがいいだろう。そして、少し激しいエクササイズをとり入れて脂肪の燃焼を高めよう。たとえば、ゆっくりと長く走るよりも、速く短く走る。間に休憩をとりながら繰り返すといい。

負荷の高いエクササイズは、カロリー消費や身体能力を高めてくれる。しかし長い時間はできないし、それればかりでもいけない。

ゆっくりと時間をかけて行うものと組み合わせよう。たまには、5キロマラソンなど短めのレースに参加してみるのもいい。モチベーションが高まって、楽しめる。

ポイント② 食習慣にヘルシーな変化をつけていく

毎週ひとつ、食事にヘルシーな「変化」を加えよう。たとえば、

・新しいレシピを試してみる
・会社にヘルシーなランチやおやつを持参する
・外食を減らして料理の回数を増やす
・水をたくさん飲む
・不健康な食べものを減らす

ひとつずつ変化を加えて、さらに健康的な食生活にしていこう。

ゆっくりと変えていけば続けられる。新しいレシピに挑戦したり、これまで食べたことのない野菜やフルーツを試してみたりすると、バラエティーに富んでいい。気に入ったら

定番メニューに加えよう。つねに新しいヘルシーフードやレシピに挑戦しよう！

ポイント③ 短期ゴールを設定する

変化が真の習慣になるには、何カ月、何年と続けてこそだ。しかし長い間モチベーションを保ち続けるのは難しい。だから短期ゴールを設定しよう。たとえば、

・今週は毎日5分ずつエクササイズの時間を延ばす
・今週は体重を0・5キロ落とす
・ウエストを2センチ絞る
・5キロ走る
・今週の全エクササイズ時間を2時間半と決める
・土曜日に長距離に挑戦して8キロ走る

どんなことでも短期ゴールになる。毎週、または2週間に1度設定して、モチベーションを高めよう。みんなにゴールを公表しておくのも忘れずに。

ポイント④ 毎日記録をとって、報告する

これは大切な習慣だ。毎回記録すれば、成果が目に見えるようになってモチベーションも保てる。エクササイズが終わったらすぐに記録をとることを習慣にしよう。

「あとで寝る前に書こう」では、だめだ。いつもエクササイズが終わりしだい。例外はなしだ。

記録はシンプルにしよう。複雑だといやになる。日付け、時間、内容だけでいい。

また、記録を公表するのも大切だ。ブログでも、オンラインの記録サービスでもいい。あなたがやっていることがみんなに見えるようにする。

ブログなら、できるだけ大勢の人に見てもらってコメントをつけてもらおう。それがいいモチベーションになる。

ポイント⑤ 自分にごほうびをあげる

最初のうちはごほうびをたくさん出すのがベストだ。自分をかわいがろう。甘いものだって、いいごほうびになる。エクササイズはまず習慣にすることが肝心。減量はあとからついてくる。どんな小さな成果でも祝おう。

エクササイズのモチベーションを高める方法30

エクササイズのモチベーションを高める方法は数限りなくある。本当だ。特にうまくいく例をいくつか挙げてみよう。

方法① 爽快感を味わう

いいエクササイズを終えたあとの爽快感はすばらしい。その感覚を忘れないで、次回のモチベーションにしよう。

方法② エクササイズを「自分のための時間」にする

自分の時間がなかなかとれないという人は多いはずだ。「ここだけは自分の時間だ」と優先して、エクササイズを楽しもう。

方法③ 消費カロリーを計算する

エクササイズをすればするほどカロリーを消費する。その分だけ贅肉が減っていく。消費カロリーを計算するのは、減量のためには実に効果的だ。

方法④ エクササイズそのものを楽しむ

エクササイズは楽しい。もしそう感じられない場合は、何かほかの運動であなたが楽しめるものにトライしてみよう。体を動かしていればそれでよいのだから。

方法⑤ スタイルがよくなった自分を想像する

健康的にすっきりと引き締まった自分の体を想像してみよう。そのイメージでやる気にエンジンがかかる。

方法⑥ フィットネス雑誌を読む

これも、かなりモチベーションが高まる。何か新しい記事を見つけては、すぐに試してみたくなったりするものだ。

方法⑦ 表紙モデルを眺める

彼らはもちろん人間離れしているし、たぶん完璧に画像修整してあるだろう。しかし、そんなかっこいいモデルの写真を眺めていると、がんばるぞという気になれる。

方法⑧ ブログを読む

エクササイズや減量に励んでいる人のブログを見るのは楽しい。山あり谷ありの道のりに共感できるし、彼らの経験から学ぶこともできる。

方法⑨ サクセスストーリーを読む

人の成功話を聞くと、がぜんやる気がわいてくる。フィットネス関連のホームページにはそんな話が載っていることも多い。ぜひ読んでみよう。

方法⑩ ネット上のコミュニティに参加する

ネット上のコミュニティにぜひ参加してみてほしい。もちろん、同じ目的の人々が集まるグループならなんだっていい。毎日チェックすればモチベーションを保てる。

方法⑪ 着たい服を思い浮かべる

ワンサイズ下の服でビシッときめたい？　だったら、エクササイズだ！

方法⑫ かっこよくなりたい、きれいになりたいと思う

これはいつもいいモチベーションになる。だれだって経験があるだろう。

方法⑬ アドレナリンを出す

エクササイズするとアドレナリンがどっと出る。その勢いで1回1回を乗り切ろう。

方法⑭ ストレスを解消する

オフィスでの長い1日が終わって、心も体もカチカチ？　帰ってエクササイズだ。ストレスを吹き飛ばそう。それだけでぐっと気分が違ってくる。

方法⑮ 考えごとの時間にする

静かなエクササイズの時間は、人生についていろいろ考えるのに理想的な時間だ。

方法⑯ エクササイズのパートナーを作る

すばらしいモチベーションのもとになる。

方法⑰ エクササイズのクラスに入る

友達と教室に通うのもいい。張り切っていこうという気になる。

方法⑱ コーチやトレーナーをつける

たとえモチベーションのためだけだとしても、お金をかけるだけの価値はある。

方法⑲ 記録やグラフをつける

記録をつけるのは、ことのほか大切だ。1週間やってみれば記録の力はすぐにわかる。

方法⑳ 写真をとっておく

過去と現在の写真で比べてみてはじめて、自分がどれほどがんばったかがわかり、びっくりすることがある。最初に写真をとっておこう。

方法㉑ 5キロマラソンやトライアスロンに参加する

参加を決めると、そのためにトレーニングしようという気になる。

方法㉒ さぼったときの罪悪感を思い出す

あの感覚は好きになれない。私は、疲れてモチベーションがわかないときにわざと思い出すようにしている。

方法㉓ 長生きして孫の姿が見たい

できれば一緒に遊べる体でいたい。

方法㉔ 体重を量る

毎日量ってもそれほどモチベーションにはならないが、週に1度チェックしてみると、「このままがんばろう」とか「ここからは増やさないぞ」という気になる。そばにメジャーを置いて、ウエストも測ってみよう。

方法㉕ ゴールを目指す

体重やウエストのサイズのゴールを決めておこう。エクササイズの日数も目標になる。今週走るキロ数だっていい。目指すゴールを決めておけば、最後までやろうというモチベーションになる。到達しやすいゴールを設定しよう。

方法㉖ ブログに書く

痩せようとしていること、毎日エクササイズに励んでいることを自分のブログに書いてみんなに知らせよう。経過も報告しよう。きっと願いを実現できる。

方法㉗ やる気が出る言葉を目立つところに貼る

見るだけでやる気がわいてくる言葉をプリントアウトして貼っておこう。デスクトップの壁紙にしてもいい。

方法㉘ 本を読む

フィットネスやヘルシー料理の本を自分へのごほうびに買おう。新たなやる気が出るはずだ。

方法㉙ 人にほめてもらう

だれかが気づいて「痩せたね」と言ってくれるとうれしい。もっとがんばろうという気になる。

方法㉚ 海水浴や同窓会の予定を入れる

見た目をよくしたいと思わずにはいられない。

>>>>>> 減らし続けるために

モチベーションをどう保つか

根気よく続ければ、いつか必ずゴールに到達できる。そのカギはモチベーションだ。ただ、それほど大切なものだけに、いつも簡単に見つけられるというわけではない。

成功への旅の途中には、意欲がわかなくなるときだってある。もうやめてしまいたいと思うときもくる。しかしそこであきらめてはいけない。がんばってしがみついていれば、きっと価値ある未来が見えてくる。

モチベーションとは？

モチベーションとは、あなたをゴールへと駆り立ててくれるもの、苦しいときにふんばる力を与えてくれるものだ。

これがあるから、早起きしてエクササイズをしたり、遅くまで働いてプロジェクトを達成したりできる。

ひと口にモチベーションとは言っても、ポジティブなものもネガティブなものもある。上司から「クビにするぞ」と脅されるのも、ひとつのモチベーションだ。それがプレッシャーとなって、必死にプロジェクトをやり遂げる。

しかし目標達成のためには、ポジティブなモチベーションのほうがずっと効果がある。「○○をやらなければ……」ではなく**「○○をしたい！」と思わせるのが最高のモチベーション**だ。

たとえば、早起きすると決めたのに、どうしてもその気になれないという日がある。そんなとき、「早起きしたい！」と心から思える理由がひとつでもあれば、張り切ってベッドから飛び出していける。

最高のモチベーションは、そんなふうに心を躍らせてくれるもの、情熱をあふれ出させてくれるものだ。私の経験ではそんなポジティブなものが一番意欲をかき立ててくれる。

嫌いなことや、やりたくないことは、いくらがんばろうと思ってもなかなか続かない。

しかし、心からやりたいと思えることなら、長い間ふんばれる。ゴール達成まで走り続けられる。

スタート地点でモチベーションを高める8つの方法

いいモチベーションを持って、いいスタートを切ろう。これは大切だ。出だしにはずみがついて、その分長く続けられる。

いいスタートを切れば、それだけ成功の確率も高まる。では、そのコツを紹介しよう。

方法① 小さくはじめる

モチベーションを維持するには、これが実に重要なポイントになる。絶対に大きくはじめてはいけない。ばかばかしいほど小さなゴールからはじめよう。ゆっくりと少しずつ大きくしていけばいい。

方法② ワン・ゴールに決める

1度にたくさんゴールを設定しすぎる人は多い。あれもこれも手を出しすぎると、エネルギーもモチベーションも枯れてしまう。実に犯しやすい間違いだ。これからは1度にワン・ゴールに絞って、それに没頭しよう。

方法③ モチベーションを見つめなおす

なぜそれをやろうとしているのか、自分のモチベーションを再確認しよう。しばらく考えて書き出してみるといい。

たとえば、「愛する人のため」というのなら、自分のためだけの場合よりもはるかに強いモチベーションになる。もちろん自分のためにやってもいい。ただしその場合は、心から願うことのためにやろう。しっかりとした動機づけが大切だ。

方法④ 心の底から達成したいと思う

これは基本的に方法③と同じだ。しかしもう一度声を大にして言いたい。「これをやればかっこいいから」というような理由では足りないのだ。

情熱を感じるもの、それをやろうと考えるだけで心が躍るもの、心の奥底からやりたいと思えるものでなくてはならない。ゴールはそんなふうに設定しよう。そうでなければ長続きはしない。

方法⑤ 公表する

大勢の人の前で恥はかきたくない。みんなに「やる」と言っておけば、つい張り切ってやってしまうものだ。

方法⑥ テンションを上げる

私の場合、目指しているゴールについて妻やほかの人に話したり、それについてできるだけたくさん本を読んだり、成功したときのことをイメージしたりすると、自然とテンションが上がる。あとはそのエネルギーで前へ進み続けるだけだ。

方法⑦ 自分を「じらす」

これは難しそうに聞こえるかもしれない。実際、このステップを飛ばす人は多い。しかし実に効果のある方法だ。何度も失敗に終わっていた禁煙も、これでうまくいった。

「○○を達成したい！」と思い立ったときには、すぐにはじめてはいけない。やる気いっぱいに「さっそく今日からがんばる！」という人は大勢いるが、それは間違いだ。スタートの日は、少し先に設定しよう。1、2週間先や、1カ月先でもいい。そこまでじらしてからスタートだ。

カレンダーに印をつけて、その日を心待ちにしよう。人生で一番大事な日だと思おう。スタートを延ばせば期待がふくらむ。ゴールへの集中力やエネルギーがぐっと高まる。

方法⑧ ゴールを印刷して貼る

大きな字でゴールをプリントアウトしよう。マントラのように短く数語にまとめる。「エクササイズ15分！　毎日！」といった具合だ。

壁や冷蔵庫に貼ろう。家にもオフィスにも貼っておこう。デスクトップの壁紙にしよう。いつもゴールを忘れないように、エネルギーと集中力を持ち続けられるように、ばーんと貼っておこう。ゴールを表す写真（たとえばセクシーな腹筋のモデル）を貼るのもいい。

つらいときにモチベーションを維持する20の方法

人生に新たなできごとが起こると、今まで目指していたゴールがそれほど大事なものに思えなくなることがある。つい1、2回さぼってしまって、そのまま戻る気になれないことだってある。どうもうまくいかなくて、自分がいやになることだってある。

そんなときにまた刺激を見つけることができたら、がんばりなおせる。そうすれば、いつかゴールへたどり着ける。

途中で投げ出してしまったら、もうそこで終わりだ。ゴールを達成するか、そのまま放棄してしまうかは、あなた自身が決めること。

では、いつもゴールの達成を目指していけるように、モチベーションを維持するコツを紹介しよう。

方法① 欲張らない

新しいゴールを目指そうというときには、最初は毛穴からあふれ出てくるほどやる気が

The Power of LESS

あって、その張り切りようといったらすさまじい。自分はなんだってできる。そんな気がしてくる。しかし、しばらくするとやる気も枯れて、壁が見えてくる。

重要なのは、エネルギーにあふれたスタート地点で欲張らないこと。何もかもやろうとしてはいけない。**やりたいことの50〜70パーセントくらいで十分**だ。ゆっくりと少しずつレベルを上げていこう。

たとえば、マラソンをするとしよう。最初は5キロくらい走れそうな気がする。しかし、そこで抑える。1キロからはじめる。

走り出したらきっとこう思うだろう。まだまだいけるぞ！　それでも抑える。そうすれば、走り終わったときに次が楽しみになる。2キロに増やせる日が楽しみになる。自分のエネルギーをうまくコントロールしよう。それで遠くまで走っていける。

方法② とにかくはじめる

ジョギングでもなんでも、今日はどうにもやる気がしない、いつもの一歩が踏み出せないという日はある。そんなときは、「つらいだろうな」とか「時間がかかりそうだな」とか考えずに、とにかくはじめよう。

私は何がなんでもジョギングシューズを履いて、ドアから飛び出していくことをルールにしている。そこさえ乗り越えたら、あとは自然に流れていく。家の中でジョギングのことばかり考えていると、余計に大変そうに思えるものだ。

とにかく、とりかかりさえすれば「思ったほど苦しくなかったな」ということに必ずなる。私はいつもこの方法で乗り越えている。

方法③ みんなに報告する

オンラインのコミュニティに参加したり、ブログやEメールで連絡したり、直接話したりしてゴールを公表しているなら、成果も知らせよう。

毎日、あるいは決まった日に報告して、それをずっと続けるように！　「失敗したなんてみんなに言いたくない」という気になってがんばれる。

方法④ ネガティブな考えをつぶして入れ替える

これは重要なスキルだ。毎日練習してほしい。

まず自分の頭の中を観察しよう。2、3日の間注意して、頭の中に浮かんでくるネガティブな考えを全部拾い出そう。

数日かけてそれができたら、拾い出したネガティブな考えを虫のようにつぶしていく。

そして、相対するポジティブな考えと入れ替えよう。

つまり、「こんなことキツくてできないよ」はつぶして、「ぼくならできる！　あの意気地なしのレオにできるんなら、ぼくにだってできる！」と入れ替える。青春ドラマじゃあるまいしと思うかもしれないが、効き目がある。本当だ。

方法⑤　メリットを考える

人はたいてい、すぐ「つらさ」を心配してしまう。「早起きはキツそうだなあ」なんて考え方ばかりしていたら、それだけで疲れてしまう。

だからメリットを考えよう。どんなすばらしいことが待っているのかを考えてみる。

つまり、早起きがどれだけ大変かということに悩むのではなく、早起きしたらどれだけすがすがしいか、1日がどれだけスムーズにはじまるか、といったことを思い描いてみるのだ。メリットに集中すれば、エネルギーがわいてくる。

方法⑥ もう一度テンションを上げる

まず、どうしてやる気がなくなったのかを考えてみよう。そして、どうして最初はそんなにやる気があったのかを思い出してみる。最初の張り切りぶりを思い出してみよう。あなたをゴールに向かって突っ走らせていたものはなんだったろう？　あなたの情熱をそこまで燃やしていたものはなんだったろう？　あのときの気持ちを思い出そう。そこからエネルギーをもらえば、あらためて集中しなおせる。

方法⑦ 関連テーマについて本を読む

私がモチベーションをなくしたときは、目指すゴールに関連する本やブログを読むようにしている。刺激をもらえてやる気が出てくる。どういうわけか、文字になっていると、思いのほか集中力やエネルギーを呼び込むようだ。

あなたのゴールについて書いてあるものを読んでみよう。モチベーションが見つからないときは、毎日でも読んでみるといい。

方法⑧ 同じ目標を持つ仲間を見つける

自分ひとりだけでモチベーションを持ち続けるのは難しい。同じ目標を持つ人がそばにいたら、パートナーになってもらえるかどうか訊いてみよう。

もし、妻や夫や兄弟や親友に、何かを目指している人がいたら、それでもいい。同じ目標でなくたってかまわない。成功に向かってお互いを励まし合えるなら、それで十分。地域の同好会に参加してみるのもいいだろう（ちなみに私はジョギング・クラブの一員だ）。ネット上のコミュニティで仲間を見つけて、ゴールについて語り合うのも効果的だ。

方法⑨ サクセスストーリーを読む

自分と同じゴールを達成した人や、挑戦中の人の話を読むと刺激を受ける。私はブログや本や雑誌で読む。Google で自分が目指しているゴールを検索すれば、いい話がたくさんヒットする。

私のブログ Zen Habits も刺激になるはずだ。すばらしいゴールを達成した読者からのコメントも読めるからだ。私はそういった読者からのサクセスストーリーを読むのが好きでたまらない。

方法⑩ 成功を積み重ねる

どんなに小さなステップだって、そこを上がれば成功だ。祝おう。とにかくはじめただけでも偉い！ 2日も続けたなんてすごいじゃないか！ どんな成功もお祝いの種だ。その「やった！」という気持ちをバネにして、次のステップへ進もう。

エクササイズ時間を2、3分長くしてみるといい。ただし、1ステップは1週間続ける。小さな階段をひとつ上がるたびに、達成感が強まっていくはずだ。

各ステップはごくごく小さくしよう。そうすれば失敗しない。数カ月後には大きな成果、大きな成功になっているはずだ。

方法⑪ 引き潮をやり過ごす

モチベーションはいつもあるわけではない。やって来ては去っていき、またやって来ては去っていく。波のようなものだ。行ったきりで帰ってこないなんてことは、決してない。必ずまたやって来る。

引き潮さえ乗り越えれば、帰ってきてくれるのだ。波が引いている間は、ゴールに関する本を読んだり、だれかにアドバイスしてもらったり、本書のほかのコツを試してみたりしよう。波は必ずまたやって来る。

方法⑫ 助けてもらう

ひとりで何かを達成するのは大変だ。私がマラソンをはじめたときは、友達や家族の助けを借りた。グアムにはマラソンのコミュニティがあって、そこの仲間が5キロマラソンを応援してくれたり、実際に何度も長距離を一緒に走ってくれたりした。

禁煙を決めたときには、ネット上のコミュニティでものすごく助けてもらった。もちろん、妻のエヴァはいつもそばで励ましてくれた。妻やほかの人の支えがなかったら、成功はありえなかった。

あなたもぜひ、支えてくれる人の輪を見つけてほしい。オンラインでもオフラインでも、その両方でもいい。

方法⑬ 進歩を記録する

ごくシンプルに、カレンダーに×印をつけていくだけでもいいし、表計算ソフトに値を入れるだけでもいい。オンラインの記録サービスを利用するのもいいだろう。

面倒くさいと感じるかもしれないが、自分の進歩が目に見えて今までどれほどがんばったかを実感できるのは、気持ちのいい収穫だ。これからもがんばろうという気になれる。

それに×印が抜けた日が連なるのは見たくない。もちろん、どうもうまくいかなかったという日だってあるだろう。それでもいい。そんなものにやる気をそがれたりしてはいけない。がんばって、次に結果を出せばいい。

方法⑭ ことあるごとにごほうびで祝う

どんな小さなステップでも、達成したらごほうびで祝おう。どのステップにはどのごほうび、と最初に決めておくといい。「今度は○○だな」と楽しみになるはずだ。

以下の2点に当てはまっていれば、妥当なごほうびと言えるだろう。

1　ステップの大きさに合っている

1キロ走ったごほうびが「豪華客船でバハマの旅」ではいただけない。

2　ゴールの邪魔にならない

ヘルシー・ダイエットで痩せるのが目的なのに「1日デザート食べ放題」では台無しだ。

方法⑮　ミニ・ゴールを目指す

大きくて遠いゴールには、気持ちが負けてしまう。2、3週間がんばったあとに「まだこれから何カ月も先があるのか……」となれば、モチベーションだって消えてしまう。ひとつのゴールに向かって長い間モチベーションを保ち続けるのは難しい。解決策はこうだ。最終ゴールまでの間に、小さなゴールをたくさん作ろう。

方法⑯　コーチをつけるか、教室に入る

少なくとも「行こう」というモチベーションになる。どんなゴールにも使える手だ。お金はかかるかもしれないが、効果はある。

ちょっと手間をかけて調べれば、近所に安い教室があるかもしれない。知り合いに、コ

ーチやカウンセリングを無料で引き受けてくれる人がいる場合もある。

方法⑰ 2日続けて休まない

ゴールまでの間には、ポツポツとさぼってしまうこともあるだろう。それは見込んである。だれだって人間だ。1日くらい休んでみたくなる。

問題は、その次の日までやる気がしなくなって、それが続いてしまうことだ。「だめだ！　2日続けて休んじゃだめだ！」と自分に言い聞かそう。

方法⑱ イメージする

成功を克明にイメージしよう。目を閉じて、成功したら何が待っているのかをつぶさに描いてみる。

どんな気持ちがするだろう？
どんな匂いや味や香りがするだろう？
成功したらどこにいるだろう？

どんな姿になっているだろう？
何を着ているだろう？

できるだけはっきりとイメージしよう。しかも毎日やる。これがカギだ。少なくとも、毎日数分間。

「成功のイメージ」というモチベーションを保ち続けるには、これが一番だ。

方法⑲ やめたいという気持ちに気づいて、乗り越える

だれだってやめたくなるときはある。たいがいは無意識のうちにそう思っているものだ。ポイントは、その無意識の衝動に気づくこと。メモを持って、1日のうちに「やめたい」という気持ちがわいてくるたびに、チェック印を書き入れていこう。

衝動を自覚するいい訓練になる。訓練ができたら、そんな衝動を回避するためのプランを考えてみよう。全部書き出しておくといい。「やめたい」と思ったときには、回避方法を考える心の余裕などないはずだから。

方法⑳ あらためて楽しみを見つける

楽しみを見出せないものは長続きしない。何カ月もがんばったあとにやっと結果が出るとなれば、なおさらだ。

毎日何かしら楽しみやよろこびを見つけよう。そうでなければ「やりたい」とは思えない。

朝ジョギングをしているときのすがすがしい景色、「またひとつステップを上がったよ」とみんなに報告するときの満足感、ヘルシーでおいしい食事。どんなことだっていい。楽しみを見つけ出そう！

The Power of LESS

何もかも
やろうとしては
いけない。
ゆっくりと
少しずつ
レベルを
上げていこう。

減らす技術 新装版

発行日　2015年7月30日　第1刷

Author　レオ・バボータ
Translator　ディスカヴァー編集部　翻訳協力：株式会社トランネット

Book Designer　石間淳
Photo　Getty Images

Publication　株式会社ディスカヴァー・トゥエンティワン
〒102-0093　東京都千代田区平河町2-16-1 平河町森タワー11F
TEL　03-3237-8321（代表）　FAX　03-3237-8323
http://www.d21.co.jp

Publisher　干場弓子
Editor　原典宏

Marketing Group
Staff　小田孝文　中澤泰宏　片平美恵子　吉澤道子　井筒浩　小関勝則　千葉潤子　飯田智樹　佐藤昌幸　谷口奈緒美　山中麻吏　西川なつか　古矢薫　伊藤利文　米山健一　原大士　郭迪　松原史与志　蛯原昇　中山大祐　林拓馬　安永智洋　鍋田匠伴　榊原僚　佐竹祐哉　塔下太朗　廣内悠理　安達情未　伊東佑真　梅本翔太　奥田千晶　田中姫菜　橋本莉奈　川島理　倉田華　牧野類　渡辺基志

Assistant Staff　俵敬子　町田加奈子　丸山香織　小林里美　井澤徳子　橋詰悠子　藤井多穂子　藤井かおり　葛目美枝子　竹内恵子　清水有基栄　小松里絵　川井栄子　伊藤由美　伊藤香　阿部薫　常徳すみ　三塚ゆり子　イエン・サムハマ　賴奕璇

Operation Group
Staff　松尾幸政　田中亜紀　中村郁子　福永友紀　山﨑あゆみ　杉田彰子

Productive Group
Staff　藤田浩芳　千葉正幸　林秀樹　三谷祐一　石橋和佳　大山聡子　大竹朝子　堀部直人　井上慎平　松石悠　木下智尋　伍佳妮　張俊崴

Proofreader　文字工房燦光
DTP　小林祐司
Printing　株式会社厚徳社

ISBN978-4-7993-1741-9